プロジェクト管理と心理的安全性を同時に実現する５つのツール

High-Impact Tools for Teams

JN035697

[著者] ステファノ・マストロジャコモ (Stefano Mastrogiacomo)
アレックス・オスターワルダー (Alex Osterwalder)
[訳者] 見形プララットかおり

Strategyzer
Series

『ビジネスモデル・ジェネレーション』
をはじめ約40カ国語に訳されている
ストラテジャイザー社の
著作シリーズ最新作

SE
SHOEISHA

会員特典データのご案内

本書では、内容をより読者の皆様にお役立ていただくため、以下のダウンロードデータを用意しました。

1. チーム・アライメント・マップ
2. チーム・コントラクト
3. ファクト・ファインダー
4. リスペクト・カード
5. ノンバイオレント・リクエスト・ガイド

会員特典データは、以下のサイトからダウンロードして入手いただけます。

https://www.shoeisha.co.jp/book/present/9784798171876

●注意

※会員特典データのファイルは圧縮されています。ダウンロードしたファイルをダブルクリックすると、ファイルが
　解凍され、利用いただけます。

※会員特典データのダウンロードには、SHOEISHA iD（翔泳社が運営する無料の会員制度）への会員登録が必要です。
　詳しくは、Webサイトをご覧ください。

※会員特典データに関する権利は著者および株式会社翔泳社が所有しています。許可なく配布したり、Webサイトに
　転載することはできません。

※会員特典データの提供は予告なく終了することがあります。あらかじめご了承ください。

「マネジメントとは
人に関すること。
人々が共同で成果を
出せるようにするのが
務めである」

ピーター・ドラッカー（経営哲学者）

目次

序章
チームがうまく行かない原因を知り、
より良い成果に導く
p.12

1

チーム・アライメント・マップとは？
各記入欄の解説と使い方

まえがき

エイミー・C・エドモンドソン

本書は、すでにチームを率いている方や、近くリーダー役を担う方なら、手元に置いておきたいと思うはずです。今日のリーダー層の多くが認識している通り、組織の成功は、チームぐるみでイノベーションやデジタル化を加速し、顧客の要求の変化に応え、パンデミック、社会の混乱、景気後退といった突然の事態に対応できる能力に大きくかかっています。

　しかし、単にチームを編成しただけでうまく行くとは限りません。失敗はよくあります。有意義な目標、適切な人材、十分なリソースがそろっても、高いはずのポテンシャルの発揮に苦しむことが多々あります。不十分な連携、無駄なミーティング、非生産的な対立、ぎくしゃくした人間関係が足を引っ張り、不満や遅延、判断ミスを招きます。これらの要因は「プロセス・ロス」と呼ばれ、インプット（人材、目標、リソース）とアウトプット（チームの成果、メンバーの満足度）に差が出る理由になるとされます。チームが任務を完了したように見えても、イノベーションとは呼べない無難な成果にとどまったり、働き過ぎ、ストレス、意欲の減退といった大きな代償が伴ったりと、最適な成果ではないかもしれません。

　そのような結末は避けられます。

　チームが成功するためのシンプルかつ効果的な方法を、ステファノ・マストロジャコモとアレックス・オスターワルダーが本書で紹介します。この2人が提供するのは、参加意欲の向上、生産的な対立、順調な進行に向けてチームを今すぐ変革することを目的に、いかなるチームにも適用できる戦略集です。目を引くイラスト、使いやすいツール、考え抜かれた手順の備わった本書は、チームが陥りがちな問題の数々を避ける（または、そこから立ち直る）うえで大変貴重なリソースとなります。私はずっと前から、シンプルなツールでチームの行動を正しい方向に促すことで大きな効果が得られると考えていました。本書にはそうしたツールがいくつも掲載され、どのチームにも役立つ手順やガイドラインが記されています。

　しかも『High-Impact Tools for Teams』が特に効果的なのは、共同作業の手順と、心理的な環境をともに重視しているからです。多くの著者はどちらか一方しか取り上げず、チームプロジェクト管理をステップごとに説明するだけか、チームの学習やイノベーションを可能にする心理的に安全な環境の利点を論じるだけにとどまっています。本書は両方を達成するためのシンプルなツールです。チーム環境の

悪さから誰も声を上げたがらなくなると、イノベーションが阻害され、問題が積み重なり、大失敗に発展することがあります。だからといって、心理的安全性を実現せよと言われても、とうてい実現できなさそうに思えるものです。結果を出すプレッシャーにさらされているリーダー層なら、なおさらそうでしょう。ステファノとアレックスは、私の研究だけにとどまらない数多くの研究に基づいて、健全なチーム文化にたどり着く方法を解き明かし、実現のための手順を丁寧に示しました。その点だけでも、本書は魅力的です。メンバーの意欲と知識を最大限に生かし、21世紀に成功できるチームを構築する取り組みに、新しいエネルギーとツールをもたらしてくれる本です。

　共同作業というものは決して簡単ではありませんが、チームに役立つ実践的で使いやすいツールがここに登場しました。リーダーとなる皆さんが強い信念を持って活用すれば、会社に必要とされ、従業員に望まれるようなチームをきっと作り上げられるはずです。

エイミー・C・エドモンドソン
（ハーバード・ビジネス・スクール）

本書のアイデアの
もとになった7人

ハーバート・H・クラーク

ハーバート・H・クラークは心理言語学者で、スタンフォード大学の心理学の教授です。本書の土台は、人々の連携における言語使用を考察した彼の功績にあります。**チーム・アライメント・マップ**は、相互理解と、共同作業での連携に関する彼の研究から発想を得ました。

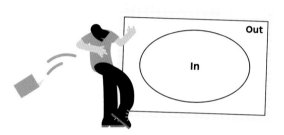

アラン・P・フィスク

アラン・ページ・フィスクはUCLAの心理人類学の教授です。彼が示した人間関係の性質と文化横断的な類型によって、「社会的」という意味の理解が大きく変わり、**チーム・コントラクト**の設計につながりました。

イヴ・ピニュール

イヴ・ピニュールはスイス・ローザンヌ大学の経営・情報システム学の教授です。デザイン思考とツール設計における彼の研究は、理論と実践の埋めがたいギャップを克服する助けとなりました。彼の概念的なサポートと助言なしには、本書も、この中で紹介されているどのツールも、とうてい生まれなかったでしょう。

エイミー・C・
エドモンドソン

エイミー・C・エドモンドソンはハーバード・ビジネス・スクールのリーダーシップ・経営学の教授です。心理的安全性を中心とした、チームの信頼感をめぐる彼女の考察を踏まえ、本書に4つの拡張ツールが加えられました。彼女の研究は、クロスファンクショナル（部門横断的）な共同作業とイノベーションにどう信頼感が影響するかの理解にとても役立ちました。

スティーブン・ピンカー

スティーブン・ピンカーはハーバード大学の心理学の教授です。他者と協力しなければならないゲームで遠回しな言い方や丁寧なリクエスト方法がどう使用されるかなど、心理言語学や社会的関係をめぐる彼の考察は、**リスペクト・カード**の設計に生かされました。共通知識を題材とした最近の研究は、本書の内容のさらなる発展に生かしていくつもりです。

フランソワーズ・クリルスキー

フランソワーズ・クリルスキーは心理学者で、チェンジマネジメントを専門とするコーチです。カリフォルニア州パロアルトにあるメンタル・リサーチ・インスティチュートでポール・ワツラウィックとともに活動し、システム論とブリーフセラピーを組織の変革に応用する研究を開拓しました。**ファクト・ファインダー**は、彼女の「ランゲージ・コンパス」を新たに解釈したものです。

マーシャル・B・ローゼンバーグ

マーシャル・B・ローゼンバーグは心理学者、メディエーター（調停人）、著述家として活躍しました。非暴力コミュニケーションセンターを設立し、平和活動家として世界中を回った功績があります。対立を解消するための言語使用や、共感的なコミュニケーションに関する彼の研究が、**ノンバイオレント・リクエスト・ガイド**の設計に役立ちました。

『ビジネスモデル・ジェネレーション』シリーズの紹介

　私たちは、シンプルかつビジュアル豊富で実践的なツールによって、個人、チーム、組織が成果を挙げる能力を変えられると信じています。新事業のアイデアが次々とつまずく一方で、既存事業は創造的破壊や陳腐化の脅威にさらされ続けます。ビジネスの根本的な部分で明確さとアライメント（p.24）を欠くと、時間と金銭の両面で許容しがたいほどの損失が年々生じます。ストラテジャイザー社の各書籍には、それぞれ特定の課題に応じて目的を定めたツールやプロセスが盛り込まれています。これらの課題は相互に関連しているため、単独でも役に立つツールを組み合わせ、統合的な戦略や、イノベーションのためのツールキットとしても使えるように設計されています。1冊だけでも、全冊そろえても、あなたが求める結果にきっとつながります。

strategyzer.com/books

ビジネスモデル・ジェネレーション

時代遅れのビジネスモデルにあらがい、次世代の事業の立ち上げを目指すビジョナリー、ゲームチェンジャー、チャレンジャーのためのハンドブック。『ビジネスモデル・ジェネレーション』を読めば、新たな厳しい現実に対応し、ライバルの先を行くことができます。

バリュー・プロポジション・デザイン

顧客が欲しがる商品やサービスの創造は、あらゆるビジネスの根幹をなす課題です。売れる商品を生み出すプロセスと、そのための正しいツールを解説しています。

ビジネスアイデア・テスト

ビジネスアイデアを検証する44のツールを紹介します。ビジネスモデル・キャンバスとバリュー・プロポジション・キャンバスを活用しつつ、アサンプションマップや、リーン・スタートアップの考え方に基づく強力なツールを組み合わせる方法を紹介します。

インビンシブル・カンパニー

既存事業のポートフォリオ管理と、新たな成長の原動力となり得る新規事業の模索を同時に行い、「無敵」の会社を作り上げましょう。ポートフォリオ・マップ、イノベーション・メトリクス、カルチャー・マップなどの実践的な基本ツールのほか、さまざまなビジネスモデルのパターンを学べます。

High-Impact Tools for Teams

新しいビジネスモデルの実行に向けて、共同作業やチェンジマネジメントのために開発された5つのツールを役立てましょう。チーム・アライメント・マップ、チーム・コントラクト、ファクト・ファインダー、リスペクト・カード、ノンバイオレント・リクエスト・ガイドを使って、あらゆるイノベーションプロジェクトを成功に導きます。

序章

チームが
うまく行かない原因を知り、
より良い成果に導く

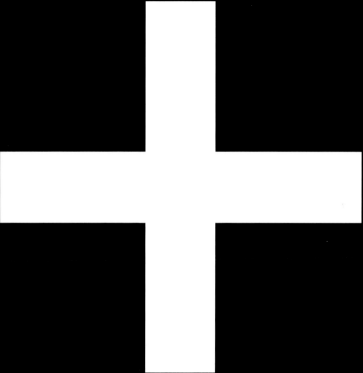

「語ることが
リーダーシップの技術である」

ジーン・リートカ（ストラテジスト）

うちの社員はみんな一流だ。

なのに、どうしてこんなに問題が？

あなたはチームに気持ち良く 貢献できていますか？

370億ドル

不要なミーティングで
米企業に生じる
人件費の無駄

出典：Atlassian

50%

非生産的で
時間の無駄と思われている
ミーティングの割合

出典：Atlassian

29%

成功する
プロジェクトの割合

出典：The Standish Group（2019）

75%

異なる部署からの
寄せ集めで
うまく回らないチームの割合

出典：Tabrizi（2015）

10%

「誰がチームメンバーか」
の質問に答えが一致する割合
（120チームの調査結果）

出典：Coutu（2009）

66%

仕事で意欲を持てない
または不満が態度に出る
米労働者の割合

出典：Harter (2018)

95%

自社の戦略を知らない
または理解していない社員の割合

出典：Kaplan & Norton（2005）

1/3

たった3〜5%の社員
によって生み出される
共同作業の付加価値の割合

出典：Cross, Rebele & Grant（2016）

チームがうまく行かない原因

安心感を得られないチーム環境のうえ、チーム作業の方向性がばらばらだと、
メンバーが協力し合う代わりに、距離感を保って作業するようになり、思わし
い成果が挙がりません。

互いに距離感を保つような働き方は、気力を消耗させます。成果が思わしくないために延々とミーティングが行われ、予算が大幅に超過する事態は、メンバーの大半が強いプレッシャーにさらされ、孤独感と不満を抱くチーム環境で起こりやすくなります。誇張でも何でもなく、チーム参加者の多くが日常的にこうした気持ちを抱えているというのが、調査で示されています。

人は距離感を保って働くだけが能ではありません。本当の意味で仲間と協力しながら働くことは十分可能です。すると不可能に近いことでも情熱を持って実現できます。もしかしたら気づいていないかもしれませんが、そうした瞬間を持てるのは「優秀なチーム」にいる証拠です。良好な成果は徐々に積み上がっていくため、後になってから実感するでしょう。

著者らは両方のタイプのチームを経験済みで、本書には過去20年分の学びが込められています。最も大切な教訓は、次の2つの領域で日常的なやり取りをどれだけうまく管理できるかによって、チームの成否が大きく分かれるということです。

● チーム作業：ミッション（使命）や役割分担が誰にでもわかるよう徹底的に明確にする
● チーム環境：信頼に基づく力強い関係を慎重に育む

私たちはチームの力を信じ、ツールの力を信じます。だからこそ5年間にわたって、そのためのツールを設計し、改良を加えてきました。本書で紹介されるツールは、次の2つに磨きをかけます。

1. アライメントの十分なチーム作業
2. 心理的安全性の高いチーム環境

複雑に絡み合った世界がもたらす難題には、チームでしか取り組めません。昨今では画期的な技術や前代未聞のロックダウンによって、あらゆる業界が根底から覆され、目覚ましい変化がもたらされています。組織にはイノベーションが求められ、これまでにないペースで実行していかなければなりません。そこで私たちにとっての基盤となるのが、チームです。チーム作業の方法を見直す必要性が、かつてなく高まっています。

先見の明があったピーター・ドラッカーはもうずいぶん前に「決定的に重要な問いは『どう達成できるか』ではなく『どんな貢献ができるか』だ」と言い切りました。私たちもまったく同感です。チーム・アライメント・マップをはじめ、本書で紹介されるツールは、著者らがチームにより良く貢献するうえで役に立っているのと同じように、読者の皆さんの助けとなるはずです。

共同
ミッション

心理的安全性の低いチーム環境
悪いチーム環境の兆候

- メンバー間やチーム間の信頼の欠如
- 内輪での競争
- 意欲の喪失
- 成果が認められない
- 怖くて声を上げづらい
- 過度な共同作業
- 協力する喜びが感じられない

アライメントの不十分なチーム作業
ばらばらなチーム作業の兆候

- 誰が何をするのかわかりづらい
- だらだら続くミーティングで貴重な時間が失われる
- 業務の遂行に時間がかかりすぎる
- 優先事項が何度も変わり、その理由が不明
- プロジェクトや分担の重複
- サイロ化された作業
- 成果やインパクトに乏しいのに労力が多い

アライメントが不十分なら チームは行き詰まる

アライメントとは、共通基盤、共通知識、共通理解、相互理解（本書ではどれも同義語として使われています——p.270）を作り上げるためのコミュニケーションを指します。共通基盤によって見通しが統一されると、各自が他のメンバーの動きを先読みしながら、ふさわしい行動を取れます。共通基盤が豊かなほど、円滑に分担が行われ、個々の作業がどんどん全体に生かされていき、メンバー間での予測も、全体的な成果も、より優れたものになります。面白いことに、今も昔と変わらず、面と向かっての対話こそが、しかるべき共通基盤の構築に最も効果的な「テクノロジー」です。

出典：Clark（1996）; Garrod & Pickering（2009）

チーム・アライメントの効果

アライメントに成功

パーティーの企画から航空機の製造まで、あらゆるチームの成果は、アライメントの副産物です。アライメントとは、相互利益のために共有する目標の達成に向け、個人の貢献を導いていくプロセスです。アライメントにより、自分の仕事だけに目を向けていた人々が、優れたチーム貢献者へと変わっていきます。チームで働くには、単独で働くより多くの努力が必要です。各自がそれぞれの分担をこなすだけでなく、メンバー間で常に調整し合わなければなりません。その代わり、1人では達成できなかった（より大きな）目標に手が届くようになります。

共通の成果に向けた連携

アライメントに失敗

方向性が一致していないチームには、低調な成果しか見込めません。下手なコミュニケーションは、しかるべき共通基盤の形成を阻みます。メンバー間の相互理解が生まれず、行動をうまく予測し合えません。すると、重大な認識のずれを抱えながら、各自が業務を進めることになります。作業の分担と取りまとめが円滑に進まず、連携不足のために効率が低下し、コストもかさみます。思うような成果は達成できません。

上手なコミュニケーション
メンバー同士がオープンに情報交換する。

ふさわしい共通基盤
メンバー間の相互理解が確立され、何をどのように達成すべきかの方向性が一致する。

効果的な連携
メンバー同士がうまく予測し合い、調和的な連携が生まれ、個々の貢献が全体に生かされる。

共通の利益

コミュニケーション
メンバーが口頭やその他の方法を通じて、同期的または非同期的に伝える情報。

共通基盤
メンバー間で共有していると認識されている知識。共通知識や相互知識とも呼ばれる。

連携
チーム全体で協調的に働くのに必要な取り組み。

結果

下手なコミュニケーション
必要な情報がメンバー間で交換されない。

不十分または的外れな共通基盤
各自が分担をこなすうちに認識のずれが広がる。

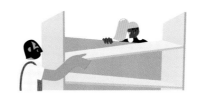

連携で思わぬ失敗
個々の貢献が全体に生かされない。連携の効率が悪く、不測の事態にどんどん陥っていく。

共通の損失

安心できないチーム環境は
イノベーションを損なう

何だか不安。「無知」「無能」「お節介」「ネガティブ」と思われたくない。リスクは冒さない方が良さそう。

**だから口を開かず、
大事な情報も
共有しません。**

出典：Edmondson（1999）

心理的安全性の低い環境

心理的安全性の低い環境では、誰もが沈黙することで、恥をかく恐れなどから自分の身を守ります。メンバーが共同での学習行動に参加せず、チームの成果が下がります。

+
学習行動の不在

低水準な共通基盤
チームの共通基盤（または共通知識）がアップデートされない。メンバー間の認識のずれが広がり、古くなった情報に頼らなければならない。
↓

低水準なチーム学習
状況の変化にもかかわらず、習慣的または条件反射的な行動が繰り返される。
↓

低水準なチーム成果
前提条件が更新されず、計画が修正されない。せっかく行われた作業が実際の状況にそぐわず、成果が不適切なものになる。

↓

現状維持または悪化

ミスしても責められないという確信がある。他のメンバーに敬意を持ち、自分もチームから敬意を持たれていると感じる。

だから意見を口に出し、大事な情報を共有します。

心理的安全性の高い環境

心理的安全性の高い環境では、誰もが声を上げることを恐れません。チームメンバーが参加する生産性の高い対話によって、現状や顧客を理解し、共同で効率的に問題を解決するための率先した学習行動が促されます。

+

学習行動
フィードバックを求める
情報を共有する
助けを求める
ミスを報告する
試してみる

高水準な共通基盤
チームの共通基盤（または共通知識）が鮮度の高い最新情報によって常時アップデートされる。
↓

高水準なチーム学習
最新情報がチームの学習や軌道修正を助ける。学習行動は前提条件や計画の変更に役立つ。
↓

高水準なチーム成果
オープンなコミュニケーションがチーム内の効果的な連携を支える。たえず学びを取り入れ、状況の変化に対応することで、意味のある成果につながる。

↓

複雑な問題の解決

あの新入りが何でも問題を解決してくれるって。

アライメントと心理的安全性が
チームの成果に及ぼす影響

　今日、私たちが直面している課題の数々は、名ばかりのチームに
集められた有能な人材が個々の努力で解決できるほど簡単ではあり
ません。複雑な問題の解決には、真のチームワークが必要です。ま
ずはアライメントと、心理的安全性の高い環境を確立しましょう。

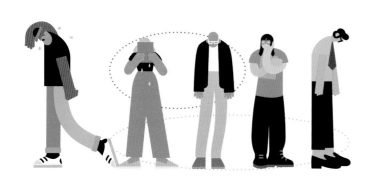

ミッションに向けた努力が乏しい

達成能力が乏しい

× アライメントが不十分な作業
× 心理的安全性の低い環境

ミッションに向けた努力が乏しい

達成能力が高い

× アライメントが不十分な作業
○ 心理的安全性の高い環境

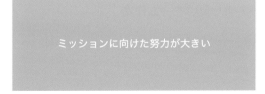

ミッションに向けた努力が最大限

ミッションに向けた努力が大きい

達成能力が最大限

達成能力が若干ある

○ アライメントが十分な作業
× 心理的安全性の低い環境

○ アライメントが十分な作業
○ 心理的安全性の高い環境

インパクト

ソリューションとしての
チーム・アライメント・マップ

チーム・アライメント・マップ（TAM）と４つの拡張ツールで、チームのアライメントと信頼関係を強化しましょう。どれもシンプルかつ実践的で、簡単に導入可能なツールです。

　TAMの「計画モード」を使って、各メンバーの貢献を明確にし、方向性を統一しましょう。シンプルな２段階プロセス（フォワードパスとバックワードパス）で構成され、計画の立案やリスクの軽減に役立ちます。

　さらにTAMの「評価モード」で、チームとプロジェクトの状況を手早く評価しましょう。評価の際には、投票、検討、行動に役立つ４つのスケール（尺度）をテンプレートに書き足します。

より良いチーム作業

チーム作業の改善 ●●●●●
チーム環境の改善 ●●

チーム・アライメント・マップ（TAM）でチーム作業の方向性を統一する

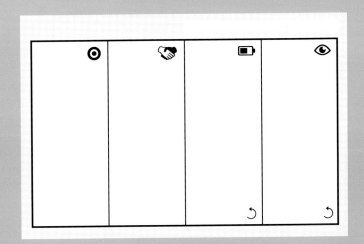

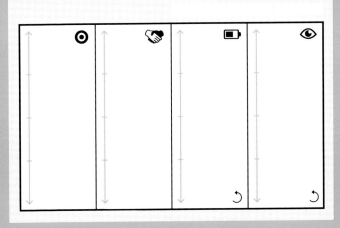

TAM ― 計画モード
TAMを使って、チームが目指すミッションや、目標を誰がどう達成するかについての意思統一を図りましょう。不安やリスクが視覚的に減り、成功の確率が高まります。計画ツールの１つとして活用することで最初からメンバーを巻き込み、より高い意欲を引き出せます（p.84）。

TAM ― 評価モード
共同作業上の盲点でプロジェクトを台無しにしないために、注意が必要です。TAMを使えば、手早く評価が可能で、隠れていた要素が中立的に可視化されます。声を上げる人が批判されずに皆で「アハ体験」を共有できるような生産的対話の機会を生み出し、チームの学習行動を補強しましょう（p.102）。

信頼と心理的安全性をもたらす
４つの拡張ツール

TAMに加え、次の４つの拡張ツールも活用できます。

- 「チーム・コントラクト」でルールを明確化する

- 「ファクト・ファインダー」で的確な質問をする

- 「リスペクト・カード」で他者への配慮を示す

- 「ノンバイオレント・リクエスト・ガイド」で人間関係の摩擦へ建設的に対処する

TAMとチーム・コントラクトは、共同で作り上げていくツールです。ファクト・ファインダーとノンバイオレント・リクエスト・ガイドは、行動の参考となるツールです。それぞれのツールを使って、チーム内の日常的なやり取りをより良いものにできます。

チーム作業の改善 ●●●●
チーム環境の改善 ●●●●●

より良いチーム環境

共同
ミッション

4つの拡張ツールでチーム環境の心理的安全性を高める

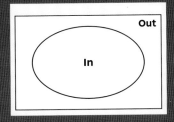

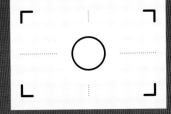

チーム・コントラクト

チーム・コントラクトでチームのルールを設定します。振る舞い、価値観、意思決定、コミュニケーションについて話し合い、チームが失敗した場合に想定すべきこともあらかじめ決めておきます。学習行動と協調性が育まれるよう、透明性が高く、公正な環境を作りましょう（p.196）。

ファクト・ファインダー

ファクト・ファインダーで効果的な質問を浮かび上がらせ、非生産的な思い込み、価値判断、制約、一般化を、観察可能な事実や経験へと変えていきます。プロフェッショナルな態度で質問を投げかけ、わかりづらくなった議論を再び明確にする必要があります。相手の意見に本気で関心を持っていることを示し、信頼関係を強めましょう（p.216）。

リスペクト・カード

（1）他者を認める（2）敬意を示す——これらの点を踏まえて賢く振る舞い、気配りをするヒントが、リスペクト・カードに記載されています。タスクとして見た場合の会話の効率は下がりますが、チーム環境の心理的安全性が大いに向上します（p.232）。

ノンバイオレント・リクエスト・ガイド

感情的になって物事を悪化させてはなりません。人間関係の摩擦には、ノンバイオレント・リクエスト・ガイドで建設的に対応しましょう。ネガティブな感情を抱いても当然だという場合は、その感情を適切な言葉で表現します。何が問題で、どう変えるべきかを、非攻撃的な方法で説明し、心理的安全性の高いチーム環境を保ちます（p.248）。

こんな場面に役立つ
チーム・アライメント・マップ

ミーティングで

プロジェクトで

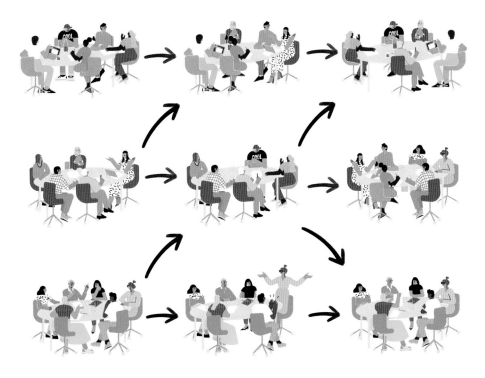

組織で

どこから読む？
職業タイプ別ガイド

組織のリーダー

序章（p.12）を読んでから、組織の脱サイロ化（p.166）について学ぶと良いでしょう。ファクト・ファインダー（p.216）をしっかりと理解することで、チームでの会話の質を高められます。

起業家

序章（p.12）に目を通したら、計画に沿ったプロジェクト進行（p.144）にTAMを生かす方法を学び、チーム・コントラクト（p.196）を使ってチームのルールを策定しましょう。

チームコーチ

チームワークを成功に導くアライメントの知識（p.22〜83）をすべて把握し、方向性の維持（p.102）についても理解しておきましょう。第3章（p.188）の拡張ツールはどれも役に立ちます。

プロジェクトリーダー

序章（p.12）をよく理解したうえで、計画に沿ったプロジェクト進行（p.144）にTAMを生かす方法を習得しましょう。チーム・コントラクト（p.196）でチームのルールを整備できます。

チームメンバー

序章（p.12）に軽く目を通してから、行動につながるミーティング運営（p.130）の方法を学び、ファクト・ファインダー（p.216）で会話の質を高めましょう。

エデュケーター

序章（p.12）をまず踏まえましょう。計画段階でのチームの作業分担（p.84）の部分を読み、方向性の維持（p.102）を参照して、チームが自らを点検できるように手助けします。

チーム・アライメント・マップとは？

各記入欄の解説と使い方

「一緒に仕事をする、
それ自体がひと仕事だ」
ハーバート・H・クラーク（心理言語学者）

第1章のポイント

全体の構成と各欄の内容を<u>理解</u>したうえで、
<u>計画</u>を立ててリスクを減らし、
プロジェクトやチームを<u>評価</u>する。

1.1
まずはここから：
チーム・アライメント・マップの4つの柱

共同目標、各自のコミットメント、必要なリソース、リスクをどう書き出すか

1.2
チーム・アライメント・マップを使って、
作業分担する（計画モード）

計画立案のためのフォワードパス、リスク軽減のためのバックワードパス

1.3
チーム・アライメント・マップを使って、
目指す方向性を維持する
（評価モード）

プロジェクト開始前にチームの準備状態を調べ、開始後は問題に対処して軌道修正する

1.1
まずはここから：
チーム・アライメント・
マップの４つの柱

共同目標、各自のコミットメント、必要なリソース、リスクを
どう書き出すか

記入欄

チーム・アライメント・マップ（TAM）は、共同作業の概要を示すヘッダー部分と、４つの柱について話し合う際に書き入れていくコンテンツ部分で構成されます。それぞれの柱には、成果を挙げるチームワークに不可欠な側面が１つずつ示されています。

共同目標
p.52
私たちは何を成し遂げようとしているのか？

共同コミットメント
p.60
誰が何をするのか？

共同リソース
p.68
どんなリソースが必要か？

共同リスク
p.76
チームの成功を妨げる可能性があるものは何か？

→
もっと詳しく
チーム・アライメント・マップの学問的な背景を知るには、相互理解と共通基盤（心理言語学）の解説（p.270）を参照のこと。

ヘッダー部分
背景と焦点を明らかにする

ミッション
ミーティングやプロジェクトの目的を説明し、意義と背景を伝える（p.50〜51）

期間
日数や月数などの期間、または期限を記入し、現実味を持たせる（p.50〜51）

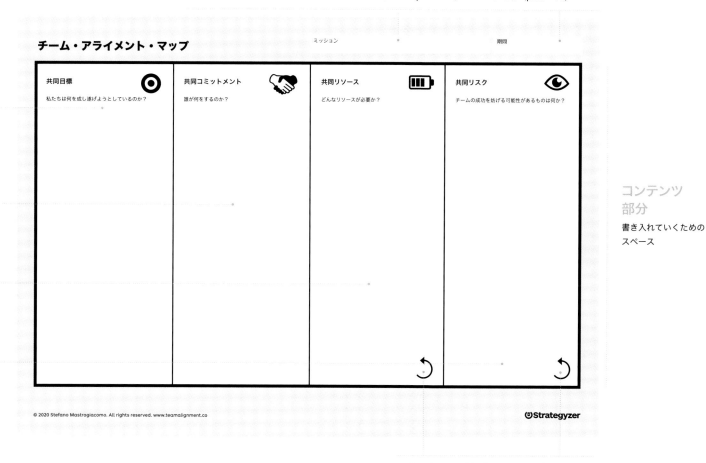

チーム・アライメント・マップ

ミッション　　　　　　　　期間

共同目標
私たちは何を成し遂げようとしているのか？

共同コミットメント
誰が何をするのか？

共同リソース
どんなリソースが必要か？

共同リスク
チームの成功を妨げる可能性があるものは何か？

© 2020 Stefano Mastrogiacomo. All rights reserved. www.teamalignment.co

Strategyzer

コンテンツ
部分

書き入れていくためのスペース

バックワードパスのマーク
チームでリスクに対処する必要性を視覚的に表示
（バックワードパス　p.86〜87）

49

ミッションと期間

　ヘッダー部分にある「ミッション（使命）」は、あらゆる共同作業のスタート地点となり、チームを結束させます。各メンバーが課題を理解するのを助け、次のような動機付けを得られるようにします。

- 面白そうだから
- 誰もが関心を持っているから
- 職務を果たすうえで必要だから

　ミッションが不透明だと、チームメンバーは「なぜ自分がここにいるのか」と疑問に思うばかりです。注意力や参加度が低くなり、話題があちこちに飛び、対話がすれ違うことで、メンバーが戸惑い、飽きてしまう場合も珍しくありません。

　一方、「期間」は、チームにどれだけ時間が許されるかを示します。期限は必ず設定すべきです。そうすることで、目標がどこか遠い話としてではなく、具体的な行動が伴うべきものとして検討されるようになります。

　ヘッダー部分によって、なぜここに集まっているのかをメンバーに理解してもらい、耳を傾けて参加してもらえるようにします。

＋

有意義なミッションの表現方法

プロジェクトへの貢献意欲とモチベーションを高めるには、ミッションをポジティブに、参加者の視点から表現する必要があります。ミッションの記入時には「やりがい」「大胆さ」「独創性」「意外性」「楽しさ」といった要素をなるべく意識しましょう。

- 良い例：利益率を高め、向こう３年分の給与原資を確保する［目標＋見返り］
- 悪い例：コストを30％削減する

エイミー・C・エドモンドソンが指摘する通り、チームのミッションに共感し、誇りを持てなければ、成功するために努力し、対人関係や作業上の障害を乗り越えようとは誰も思いません（Edmondson & Harvey 2017; Deci & Ryan 1985; Locke & Latham 1990）。

検索ワード：ミッションステートメント、プロジェクト名のつけ方

＋

「意気込みチェック」

次のようにミッションを正当化できるのが理想的です。

ミッションの最初から最後まで、各メンバーが自身の貢献をこう意味付けられるようにします。

「私が行っていることは、グループのミッション遂行に必要とされており、それが自分にとって有意義だ」

ミッション：
課題は何か？
私たちは何を創造または改善したいのか？

期間：
期間の長さは？
期限はいつ？

チーム・アライメント・マップ

ミッション		期間

共同目標 ◎	共同コミットメント 🤝	共同リソース 🔋	共同リスク 👁

ミッションは、目的、課題、問題、プロジェクト名など、さまざまな形式で記入できます。

次の条件を満たす限り、どのような形式でも構いません。

- チーム全員にはっきりとわかる
- 各自の存在意義とポジティブな成果を関連付けられる
- 1人ひとりの貢献意欲をかき立てる

ミッションの記入例↓

期間は次のように設定できます。

- 所要時間：時間数、日数、週数、月数
- 期限：具体的な日付、定められた期間

期間の記入例↓

2週間

年末

第3四半期

6カ月間

新製品の商品化までの期間を20%短縮	企業の社会的責任を実行	新入社員の育成を加速	年次合宿研修	プロジェクトX

より具体的　　　　　　　　　　　　　　　　　　　　　　　　　　　　より抽象的

共同目標

私たちは何を成し遂げようと
しているのか？

チーム・アライメント・マップ

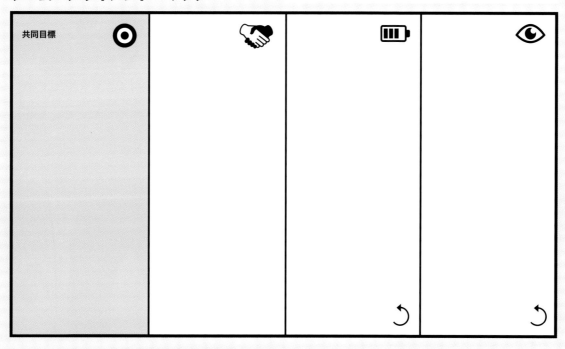

共同目標

何をすべきかわかっている人、この中にいますか？

共同目標とは？

　TAMの1つ目の欄は、「共同目標」です。明確な共同目標によって、何を成し遂げるべきかに関する意思統一を図ります。それは、次のような形で表現されます。

- 達成目標（達成を目指す内容）
- 数値目標（測定可能な目標）
- 活動（実行する内容）
- アクション（活動を構成するもの）
- タスク（アクションを構成するもの）
- 作業パッケージ（各自に割り当てられる業務）
- 結果（活動で成し遂げられること）
- 成果物（結果と同じ）
- 最終成果（結果と同じ）
- 製品・サービス（結果と同じ）

　TAMは、調整の余地を残した柔軟なツールです。ここで肝心なのは、実行可能な作業についての合意形成ですが、必要に応じて調整も加えられます。たいていの場合、共同目標の数は3〜10個です。10個を超えたら、ミッションの範囲が広すぎたり、あいまいだったりしないか話し合いましょう。複数のプロジェクトを1つにまとめてしまっている可能性があるので、その場合はTAMの分割を検討します。

チームで共同目標を設定すると、ミッションを実行
可能な作業のかたまりに分けやすくなります。

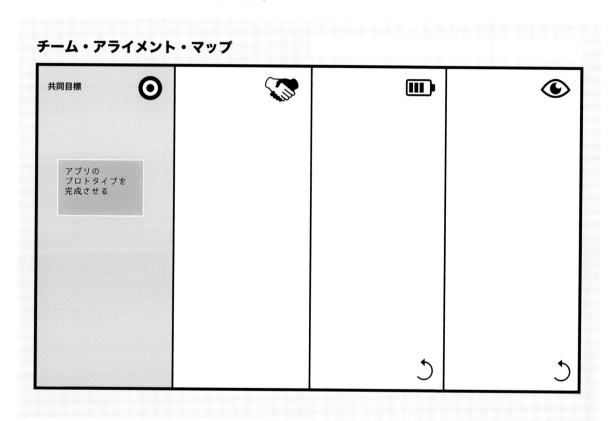

チーム・アライメント・マップ

共同目標

アプリの
プロトタイプを
完成させる

問うべきこと

- **私たちは何を成し遂げようとしているのか？**
- 何をしなければならないのか？
- 何を実現する必要があるのか？
- 何の作業を行うべきか？

具体例

計画を立てる

コンサルタン
トを雇う

契約を
改定する

リース契約を
交渉する

受注残情報を
更新する

内装に
ペンキを塗る

アクセス権を
付与する

電線を
取り付ける

新入社員研修
を標準化する

共同目標の例

　共同目標は、ざっくりと設定することも、詳しく設定することも可能です。共同目標の記述が大まかであればこのセッションは比較的短く終わりますが、細かくなるほど時間がかかります。

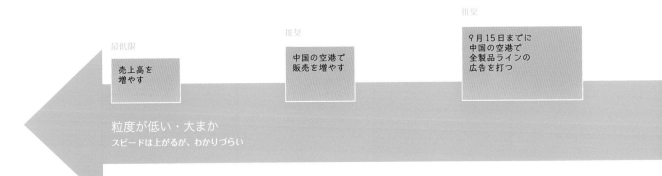

最低限

売上高を
増やす

推奨

中国の空港で
販売を増やす

推奨

9月15日までに
中国の空港で
全製品ラインの
広告を打つ

粒度が低い・大まか
スピードは上がるが、わかりづらい

達成目標

達成目標とは、最終成果に至るための中間成果を指します。

結果

結果とは、成功した場合に実現する帰結、成果物、製品・サービスを指します。

測定可能な目標

達成目標に尺度や基準をつけ加えると、測定可能な目標になります。

よりテクニカル

市場開発担当としては、
中国の空港で
販促を行うために
広告予算を必要とする

中国で
市場シェアを
伸ばす

今年度末までに
全製品ラインで、
中国の空港での
市場シェアを
20%伸ばす

粒度が高い・詳しい
スピードは下がるが、わかりやすい

ユーザーストーリー

<役割>としては、
<理由>のために
<目標>を必要とする

ユーザーストーリーとは、ソフトウェアのアジャイル開発で、ユーザー要件を説明する手法です。ユーザーの視点から目標を表現できるため、他の業界にも浸透してきました。

検索ワード：ユーザーストーリー

OKR
（達成目標と主要な結果）

OKRとは、共同目標の表現方法の1つで、アンディ・グローブがインテルのCEO時代に開発し、グーグルが導入したことで有名になりました。OKRを決めるには、それぞれの達成目標で必ず、測定可能かつ主要な結果を特定します。

検索ワード：OKR

「SMART」な達成目標

SMARTとは、「具体的（specific）」「測定可能（measurable）」「達成可能（achievable）」「現実的（realistic）」「時間的な制約がある（time-bound）」の頭文字を取ったもの。1950年代にピーター・ドラッカーが提唱した「目標による管理」とよく結び付けられます。

目標があまり頻繁に変わらない状況に適しています。

検索ワード：SMARTな目標

+

**TAMの第一歩として、
必ず共同目標の明確化を**

共同目標がはっきりしなければ、作業を指示し、チームとしてまとめることができません。トーマス・シェリング（ノーベル経済学賞を授与されたゲーム理論の大家）は次のように指摘しました。「共同作業は目標からさかのぼって生み出される。2人の人間が共通の目標と、アクションの相互依存性を認識し、そこからさかのぼって、目標達成に向けた共同作業での連携方法を導き出す」。つまり、期間にかかわらず（例えば3週間でも、3カ月でも、3年でも）、目標があいまいなら計画があってもアクションに結び付きません。

+

目標の細分化と粒度

TAMは、タスクの細分化や綿密な追跡を目的に設計されてはいません。主要な点で手早くメンバーの方向性を一致させ、共同作業の効率を上げるためのものです。粒度の高さが求められる場合、アライメントのセッション後、何らかのプロジェクト管理ツールを使って共同目標を記録し、細分化しましょう。その後、細分化したリストをチーム内で確認します。

検索ワード：ワーク・ブレークダウン・ストラクチャー（作業分解構成図）、バックログ

共同コミットメント

誰が何をするのか？

チーム・アライメント・マップ

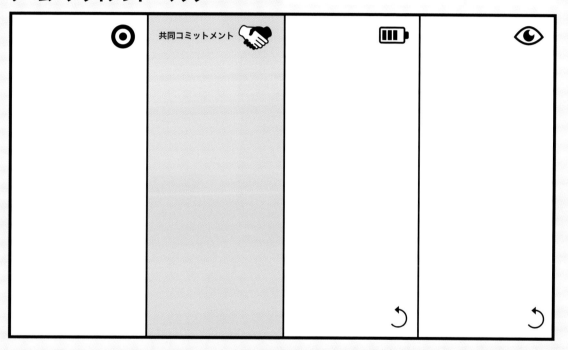

共同コミットメント

共同コミットメントとは？

　共同コミットメントの策定を通じ、チームメンバーがそれぞれいくつかの共同目標を引き受けて実行することを約束します。ここに記入すべきことはあまりなく、通常は名前と大まかな役割だけで十分です。ただし、１人ひとりが他のメンバーの前で役割を引き受けるという儀式に重要な意味があり、方法は２つあります。

- 各メンバーが、担当する目標の横に自分の名前を記入する
- 誰かが自分の名前をTAM上に記入したら、「わかりました」「問題ありません」「それで良いです」「私が引き受けます」などと応答する

　不明瞭なコミットメントは責任逃れの原因となりますが、暗黙の了解に頼っているチームには起こりがちです。暗黙の了解では、他のメンバーの担当領域を勝手に推測するグレーゾーンが生じてしまい、混乱や衝突の可能性が高まります。こうした事態は、はっきりと声に出すことで回避しやすくなります。

**共同コミットメントの儀式：
マーガレット・ギルバートの理論**

英国の哲学者のマーガレット・ギルバートは、長年にわたって共同コミットメントの概念を研究してきました。その中で、適切な共同コミットメントを実現するには、それぞれがメンバーの前で協力の意思表明をすることが必要かつ十分条件だと認識しました（Gilbert 2014）。この行為を通じ、コミットメントがチームの共通基盤または共通知識となります（p.270）。共同コミットメントを公に支持することで、道徳的義務と権利が生まれます。コミットメントを誓った１人ひとりが、役割を果たす道徳的義務を負う見返りに、他のメンバーにも責任の履行を期待する権利を得られます。こうした権利と義務によって、メンバー同士が結束し、パワフルな推進力が生まれます。

検索ワード：マーガレット・ギルバートの哲学

共同コミットメントを通じ、全員が能動的な
チームメンバーになります。

チーム・アライメント・マップ

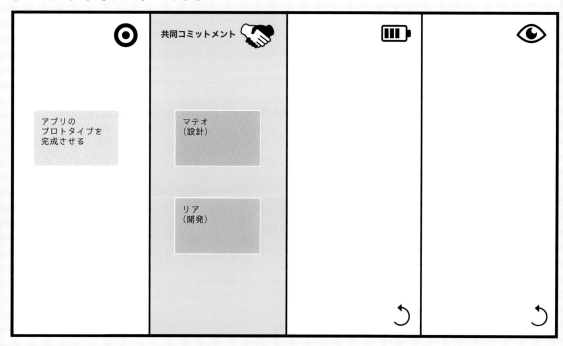

問うべきこと

- **誰が何をするのか？**
- 誰が何にコミットするのか？
- どう協力するのか？
- 各自の役割は何か？

共同コミットメントは通常、関連する共
同目標の右側に並べます。

共同コミットメントの例

共同コミットメントは、名前だけを記入する方法から、名前と大まかなタスク一覧を書き入れる方法まで、さまざまなパターンがあります。重要なのは、誰が何をするかを全員が理解し、それに同意することです。

最低限

SJ

一時的

全員

リア

財務部

IT

ヤン ＋
ナイジェル ＋
イブ

粒度が低い・大まか
スピードは上がるが、わかりづらい

[チーム] または
[部署]

すべての役割をすぐに明確にできない場合、チーム名が便利です。最も手早い方法ではありますが、誤解を避けるため、役割分担を早急にはっきりさせる必要があります。

[イニシャル] または
[名前]

普段から一緒に働いているメンバー同士であれば、イニシャルや名前での記入が簡単で実用的です。

推奨

リア（開発）

大まかなタスク

マテオ（設計）
リア（開発）

マテオ：
- 紙版を作る
- デジタルアセットを
  設計する

リア：
- 技術アーキテクチャ
- コーディングとテスト

粒度が高い・詳しい
スピードは下がるが、わかりやすい

**[名前]＋
[役割]**

名前に加え、各自の役割またはタスクを簡単に書き入れれば、互いにわかりやすくなり、アライメントのプロセスのスピード感も保たれます。

**[名前]＋
[主要なタスク・責任]**

大まかなタスクも追加できます。長めに記述するこのパターンは、新規に編成されたチームでしばしば使われます。各欄の意味が不明確にならないよう、必ず共同目標の欄に挙げられている目標に見合ったタスクを割り当てましょう。

共同リソース

どんなリソースが必要か?

チーム・アライメント・マップ

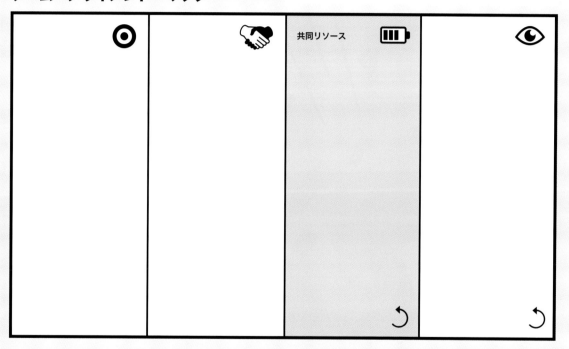

共同リソース

ここにリソースが足りない！

ここにも足りない！

ここにも足りない！

ここにも足りない！

共同リソースとは？

　人間のあらゆる活動に時間、資本、設備といったリソースが必要とされます。共同リソースの設定では、これらの必要性を見積もり、チーム全員が十分に貢献できるようにします。ミッションの達成までに何が必要になるかについての共通認識を高め、チームの実践を支えます。

　リソースが不足すると、つまずく人が出て、成果を挙げられなくなります。作業の流れが途切れ、ミッションの十分な達成が阻害されます。リソースの見積もりと工面は重要ですが、それだけで終わりではありません。メンバーが成果を出せるように、リソースを分配する必要があります。この点がはっきりしていなければ、ためらわずに確認しましょう。

＋

リソースの状態

リソースの状態は次のように書き出せます。

使用可

マテオ	〇
10日間	

使用不可

リア	✕
12日間	

不明

サム	？
12日間	

共同リソースを通じ、各メンバーが役割を果たすの
に何が必要かをチーム全体として見積もれます。

チーム・アライメント・マップ

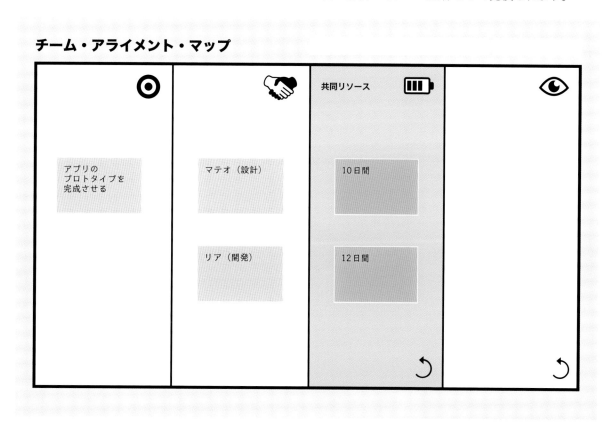

問うべきこと

- **どんなリソースが必要か？**
- 何が手元にあり、何を入手すべきか？
- 各自が貢献するのに足りないものは何か？
- 作業の達成に必要な手段は何か？

具体例

共同リソースの例

　メンバーの作業にとって必要なら、それが何であれリソースと呼びます。リソースを詳しく書き出すことも、大まかに書き出すこともできますが、スピードと細かさは常にトレードオフの関係にあります。

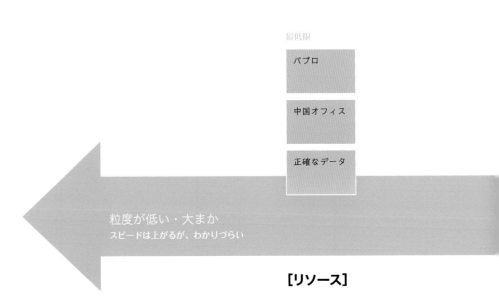

最低限

パブロ

中国オフィス

正確なデータ

粒度が低い・大まか
スピードは上がるが、わかりづらい

［リソース］

リソースの割り当てが第一歩です。それによって話し合いが正しい方向に進み、業務遂行のために必要なことが明らかになっていきます。

推奨

| パブロ - 10日間 |

| フライヤー -
100枚 |

| 出張予算
2万ドル |

条件付き

| パブロの
10日間分の作業が必要で、
予算は1日あたり
1500ドルまで |

| フライヤーを
100枚印刷する
（6月3日までに必要） |

| 今週中に2万ドルの
出張予算で
承認を取り付ける |

□ 人員：スタッフ、労働時間、スキル
　（技術的・社会的）、トレーニング、モ
　チベーションなど

□ 設備・機材：オフィス机、会議室、家
　具、車両、機械など

□ 資金：予算、現金、借り入れなど

□ 材料：原料、部品など

□ テクノロジー：アプリ、コンピュー
　ター、オンラインサービス、回線イン
　フラなど

□ 情報：書類、データ、アクセス権など

□ 法務：著作権、特許、許可、契約など

□ 組織：手続き、社内サポート、意思決
　定など

粒度が高い・詳しい
スピードは下がるが、わかりやすい

［リソース］＋
［量の見積もり］

リソースの名前と量を書き出すと、アラ
イメントの水準が上がり、メンバーがよ
り現実味を持って取り組めます。
数字を絞り込めない場合は「1～10」や
「2万～8万ドル」のように幅を持たせま
しょう。

［行動］＋
［量の見積もり］＋
［リソース］＋［条件］

この比較的長いテンプレは、重要性の高
いリソースについて、より正確なアライ
メントが必要な場合に役立ちます。特定
のケースだけに使用しましょう。

共同リスク

チームの成功を妨げる可能性が
あるものは何か？

チーム・アライメント・マップ

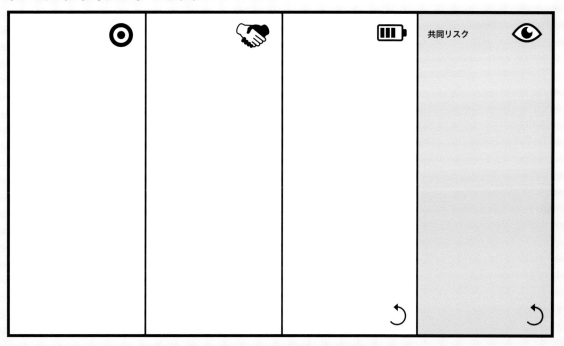

共同リスク

スピード出しすぎだって言ったのに。

共同リスクとは？

　リスクのないプロジェクトには、成果もありません。あらゆるプロジェクトに不確実性が内在し、それに応じたリスクが付きまといます。リスクとは、望ましくない障害を引き起こしかねない事態を指します。こうした障害が起きると、チームによるミッションの達成が一段と難しくなります。コストや所要時間、成果物の質に悪影響が及び、人間関係まで損なわれる可能性があります。最悪の場合、たった1つのリスクの発生で、プロジェクトとチームワークのすべてが台無しになります。

　TAMは、次の3つのステップでリスクの軽減に役立てられます。

1. リスクの特定
　　共同リスクの欄に書き入れる。

2. リスクの分析
　　書き入れた各項目のリスク・エクスポージャーを話し合う。

3. リスクの軽減
　　「バックワードパス」（p.86～87）を実践する。

　リスク管理の議論は大切です。チームの問題対応能力を高め、ミッションの成功確率を引き上げます。

+

リスク・エクスポージャー

リスク・エクスポージャーは、数値や文字で書き入れられます。

例えば「高」「中」「低」とします。

（リスク・エクスポージャー ＝ リスクの発生確率 × リスクが引き起こす影響）

| 高 リスク1 |
| 中 リスク1 |
| 低 リスク1 |

+

専門性の高いリスク管理

TAMは、手っ取り早いリスク管理を目指して設計されています。本格的なリスク分析・管理ツールの代わりにはならないため、そうした目的に際しては特化したものをお使いください。

検索ワード：リスクマネジメント（管理）、リスク管理プロセス、リスク管理ツール

共同リスクによって、何が起こり得るかを
予測でき、潜在的な問題に先手を打てます。

チーム・アライメント・マップ

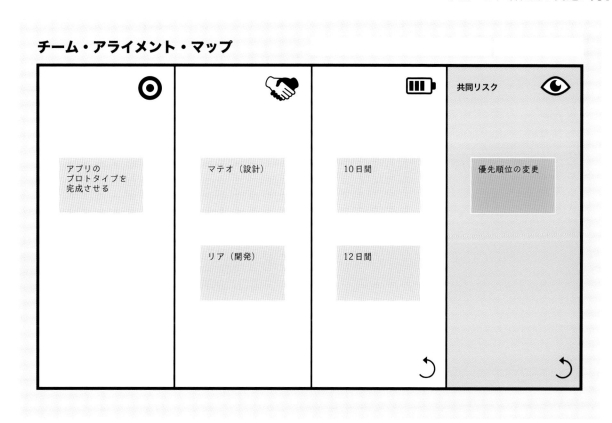

◎	🤝	🔋	共同リスク 👁
アプリの プロトタイプを 完成させる	マテオ（設計）	10日間	優先順位の変更
	リア（開発）	12日間	

問うべきこと

- **チームの成功を妨げる可能性があるものは何か？**
- うまく行かない可能性があるものは何か？
- 最悪の場合どうなるのか？
- 目標の達成に伴う問題・脅威・危険・副作用は何か？
- 具体的な懸念や異論があるのか？
- どんな場合に代替案の検討を余儀なくされるのか？

具体例

顧客が要求の
追加や変更を
繰り返す

データの質が
低い

人員の不足

プラット
フォーム統合に
伴う大規模障害

顧客がプロトタ
イプを却下する

さばききれな
い量のメール

現行システムが
頼りにならない

経験不足

経営幹部の
後押しがない

共同リスクの例

リスクを書き出す時は、計画実行の準備に役立つ範囲で考えましょう。

　うまく行かないかもしれないことが多すぎて、ミッションの達成に動くより多くの時間を、リスクの正確な書き出しに費やしてしまう恐れがあります。逆に、甘く見てリスクを特定しなかった結果、簡単に避けられたはずの要因でつまずくことがあり得ます。両極端を避けるため、リスクは簡潔に表現し、リスク・エクスポージャーが高いものだけを詳しく書くようにしましょう。

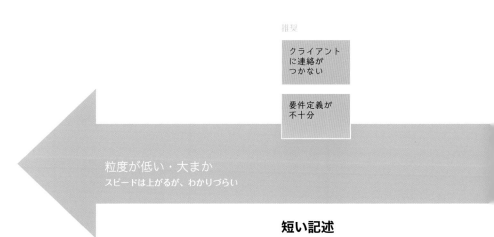

推奨

クライアント
に連絡が
つかない

要件定義が
不十分

粒度が低い・大まか
スピードは上がるが、わかりづらい

短い記述

何もリスクを特定しないよりは、短くても記述する方が良いというのが、TAMにおけるリスク評価の精神です。

影響を含む

クライアントに連絡がつかず、大幅な遅れをもたらす可能性がある

もともとの要件定義が不十分で、サーバーが落ちる可能性がある

詳細

時差のせいでクライアントに連絡がつかず、6〜12カ月遅延し、コストが40％増加する可能性がある

システムエンジニアの多忙で、もともとの要件定義が不十分となり、サーバーの設定ミスが生じてダウン時間が30〜60％に達する可能性がある

クライアントが遠くに住んでいるため、時差のせいで連絡がつかない恐れがあり、6〜12カ月遅延し、コストが40％増加するリスクがある

システムエンジニアが多忙なため、もともとの要件定義が不十分になる恐れがあり、サーバーの設定ミスが生じてダウン時間が30〜60％に達するリスクがある

粒度が高い・詳しい
スピードは下がるが、わかりやすい

[リスク]が
[影響]をもたらす可能性がある

[原因]によって起きる
[出来事]が
[共同目標に対して定量的に示される影響]をもたらす可能性がある

[原因]のため、
[出来事]が起きる恐れがあり、[共同目標に対して定量的に示される影響]をもたらすリスクがある

☐ 内在的：チームのあり方、ミス、欠陥、準備不足、スキル不足、成果物の質、コミュニケーション不全、人員確保、役割分担、人間関係の摩擦などで引き起こされるリスク

☐ 設備：技術的問題、チームが使用する製品やサービス、質の不十分なツールや現場の環境などで引き起こされるリスク

☐ 組織：経営幹部や他部署、サポート不足、社内政治、ロジ、資金調達などで引き起こされるリスク

☐ 外在的：クライアント、エンドユーザー、サプライヤー、規制問題、金融市場、天候状況などで引き起こされるリスク

+

右端に示されているテンプレは、形式張っていて、リスクをかなり詳細に書き出しています。ただし、アライメントを大幅に高める効果はあります。チームの意欲をそがないためには、左端に示されている短い記述を優先的に使い、詳細なテンプレは議論する際の補足として使いましょう。必要に応じて、専門性の高いリスク管理ツールに切り替えてください。

1.2
チーム・アライメント・マップを使って、作業分担する（計画モード）

計画立案のためのフォワードパス、リスク軽減のためのバックワードパス

フォワードパスとバックワードパス

TAMでの計画プロセスには、2つのステップがあります。

1、2、3、4、5
フォワードパス

　「フォワードパス」と呼ばれる1つ目のステップでは、チームでまとまって計画を立てます。効果的な共同作業のために必要なことを、左から右へと順を追って各欄に書き入れていきます。そこで全体像として示される見通しと問題点の両方を踏まえれば、プロジェクトの成功確率が高まります。

　フォワードパスを通じて、チームが本当の意味で結束し始めます。メンバー同士が各自の役割や欲求を考慮し合い、共通理解が生まれます。

6、7
バックワードパス

　「バックワードパス」と呼ばれる2つ目のステップは、実行リスクの軽減が目的です。具体的には、右の2つの欄に記入された内容をできる限り減らしていきます。そのために、他の欄に記入事項を加えたり、記入済みの内容を修正したり、取り除いたりします。つまりは、リソース不足や起こり得るリスクなどの潜在的な問題を、新たな目標や作業分担へと転換していきます。

　チームが一体となって、視覚的に示しながら問題に対処していくと、前進の実感が得られます。適切な対処でリスクが解消されていくのを目にすれば、メンバーのモチベーションが高まり、一段と熱心に取り組むようになります。バックワードパスの最終段階は、ミッションと期間をあらためて確認する機会にもなります。

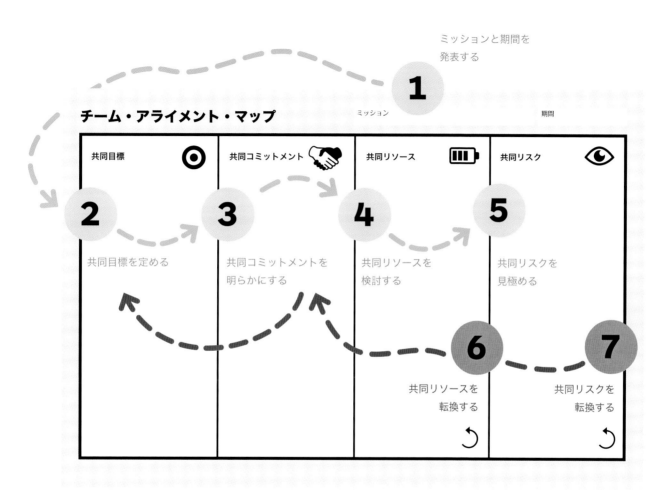

ミッションと期間を
発表する

1

ミッション   期間

チーム・アライメント・マップ

共同目標 ◉	共同コミットメント 🤝	共同リソース 🔋	共同リスク 👁
2	**3**	**4**	**5**
共同目標を定める	共同コミットメントを明らかにする	共同リソースを検討する	共同リスクを見極める
		6 共同リソースを転換する ↺	**7** 共同リスクを転換する ↺

職場での具体例

SOCIAL
MEDIA
new
STRATEG
200K

フォワードパス
ソーシャルメディア戦略の立案

　広告代理店で働くオノーラ、パブロ、マテオ、テス、ルーの５人は、大事なクライアントのために、かつてない短期間でソーシャルメディア戦略を立てなければなりません。そこでチーム・アラインメント・マップを使って方向性をまとめることにし、フォワードパスとバックワードパスを次のように行いました。

1
ミッションと期間を発表する

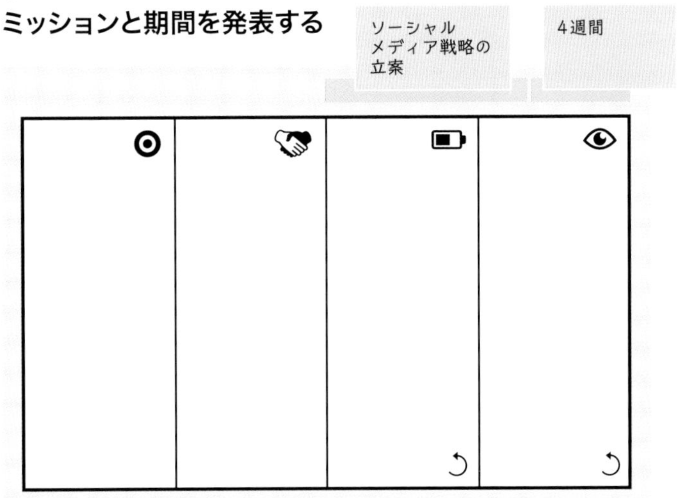
ソーシャルメディア戦略の立案
4週間

2
共同目標を定める

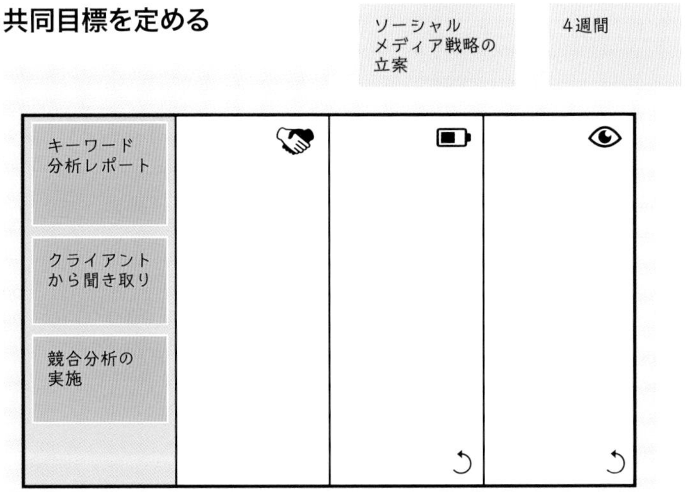
ソーシャルメディア戦略の立案
4週間
キーワード分析レポート
クライアントから聞き取り
競合分析の実施

共同リソースを検討する

		ソーシャルメディア戦略の立案	4週間

キーワード分析レポート	オノーラ：分析 マテオ：執筆	解析ソフトウェア	👁
クライアントから聞き取り	全員	データベースへのアクセス権がない	
競合分析の実施	パブロ、テス、ルー	テスに時間的余裕がない	↺

共同コミットメントを
明らかにする

		ソーシャルメディア戦略の立案	4週間

キーワード分析レポート	オノーラ：分析 マテオ：執筆	🔋	👁
クライアントから聞き取り	全員		
競合分析の実施	パブロ、テス、ルー		↺

共同リスクを見極める

		ソーシャルメディア戦略の立案	4週間

キーワード分析レポート	オノーラ：分析 マテオ：執筆	解析ソフトウェア	クライアントに連絡がつかない
クライアントから聞き取り	全員	データベースへのアクセス権がない	データへの過剰な依存
競合分析の実施	パブロ、テス、ルー	テスに時間的余裕がない	↺

職場での具体例

バックワードパス
ソーシャルメディア戦略の立案

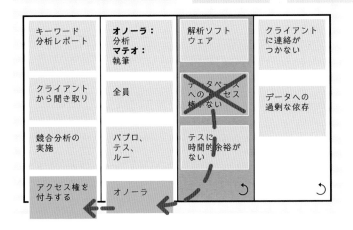

6
共同リソースを転換する

| ソーシャル メディア戦略の 立案 | 4 週間 |

キーワード 分析レポート	**オノーラ：** 分析 **マテオ：** 執筆	解析ソフト ウェア	クライアント に連絡が つかない
クライアント から聞き取り	全員	データベース へのアクセス 権がない	データへの 過剰な依存
競合分析の 実施	パブロ、 テス、 ルー	テスに 時間的余裕が ない	
アクセス権を 付与する	オノーラ		

- 解析ソフトウェア：解析ソフトはあり、注意事項も点検したため、特別にすべきことはない。
- データベースへのアクセス権がない：データベースへのアクセス権付与の方法を知っているオノーラが、新たな目標と役割を書き足す。「アクセス権がない」の項目を欄から消す。
- テスに時間的余裕がない：これから解決策を見つける必要があるため、欄に残しておく。

7
共同リスクを転換する

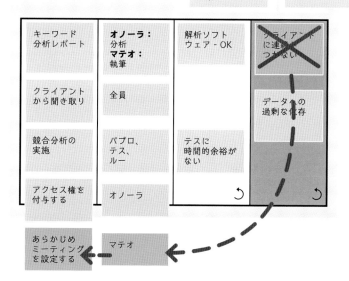

ソーシャル メディア戦略の 立案	4 週間

キーワード 分析レポート	**オノーラ：** 分析 **マテオ：** 執筆	解析ソフト ウェア - OK	~~クライアント に連絡 つかない~~
クライアント から聞き取り	全員		データへの 過剰な依存
競合分析の 実施	パブロ、 テス、 ルー	テスに 時間的余裕が ない	
アクセス権を 付与する	オノーラ	↺	↺
あらかじめ ミーティング を設定する	マテオ		

- クライアントに連絡がつかない：クライアントから聞き取りできないリスクがあるため、マテオがあらかじめミーティング日程をすべて設定しておく。このリスクを欄から消す。
- データへの過剰な依存：気をつける以外に有効な対処法がない。このリスクを忘れないために欄に残すことで、チーム全体の合意を得る。

チーム全体で確認する

ソーシャル メディア戦略の 立案	4 週間

キーワード 分析レポート	**オノーラ：** 分析 **マテオ：** 執筆	解析ソフト ウェア - OK	👁
クライアント から聞き取り	全員		データへの 過剰な依存 ー気をつける こと
競合分析の 実施	パブロ、 テス、 ルー	テスに 時間的余裕が ない	
アクセス権を 付与する	オノーラ	↺	↺
あらかじめ ミーティング を設定する	マテオ		

- これで作業開始の準備が整ったという認識をチームで共有する。
- テスの時間的余裕を作るための解決策を今後見つけなければならない。
- 全員がその点を理解していることは、テスにとって大きな意味がある。

家庭での具体例

フォワードパス
ジュネーブへの引っ越し

国際機関に勤務するアンジェラは、スイスのジュネーブにある本部への転勤が決まったところです。引っ越しがうまく行くよう、夫のジュゼッペや子どもたち（レナート、マニュ、リディア）と協力します。フォワードパスとバックワードパスのプロセスでどのような話し合いが行われたか見てみましょう。

1
ミッションと期間を発表する

ジュネーブへの引っ越しを成功させる	3カ月

◎	🤝	▭	👁
		↻	↻

2
共同目標を定める

ジュネーブへの引っ越しを成功させる	3カ月

	🤝	▭	👁
ジュネーブで新居を見つける			
荷物を段ボールに詰める			
かかりつけ医を見つける			
引っ越し業者を探す			
ジュネーブで自動車を買う		↻	↻

4

共同リソースを検討する

		ジュネーブへの引っ越しを成功させる	3カ月

			👁
ジュネーブで新居を見つける	アンジェラ	段ボールが50箱必要	
荷物を段ボールに詰める	レナート、マニュ、リディア	引っ越し業者の予算は1万ドル	
かかりつけ医を見つける	アンジェラ	自動車の予算は3万ドル	
引っ越し業者を探す	ジュゼッペ	不動産仲介手数料の予算は5000ドル	↩
ジュネーブで自動車を買う	ジュゼッペ		

3

共同コミットメントを明らかにする

		ジュネーブへの引っ越しを成功させる	3カ月

		🔋	👁
ジュネーブで新居を見つける	アンジェラ		
荷物を段ボールに詰める	レナート、マニュ、リディア		
かかりつけ医を見つける	アンジェラ		
引っ越し業者を探す	ジュゼッペ		
ジュネーブで自動車を買う	ジュゼッペ	↩	↩

5

共同リスクを見極める

		ジュネーブへの引っ越しを成功させる	3カ月

			👁
ジュネーブで新居を見つける	アンジェラ	段ボールが50箱必要	輸送中に家具が傷付くかもしれない
荷物を段ボールに詰める	レナート、マニュ、リディア	引っ越し業者の予算は1万ドル	
かかりつけ医を見つける	アンジェラ	自動車の予算は3万ドル	ジュネーブで一時的にトランクルームが必要かもしれない
引っ越し業者を探す	ジュゼッペ	不動産仲介手数料の予算は5000ドル	
ジュネーブで自動車を買う	ジュゼッペ		↩

家庭での具体例

バックワードパス
ジュネーブへの引っ越し

6
共同リソースを転換する

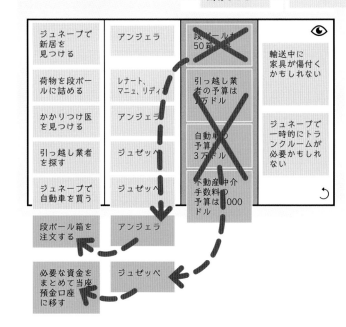

- 段ボールが50箱必要：アンジェラが即日、段ボール箱を注文する。
- 計4万5000ドルの予算（引っ越し業者、自動車、不動産仲介手数料）：ジュゼッペが銀行口座に十分な残高があることを確認する。

7
共同リスクを転換する

| | | ジュネーブへの引っ越しを成功させる | 3カ月 |

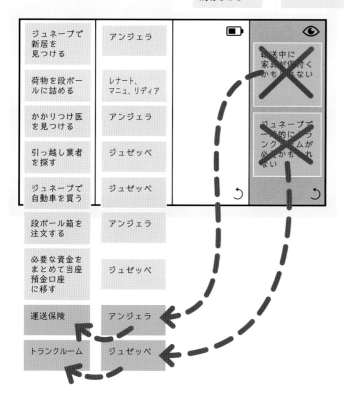

			▣	👁
ジュネーブで新居を見つける	アンジェラ			~~輸送中に家具が傷付くかもしれない~~
荷物を段ボールに詰める	レナート、マニュ、リディア			~~ジュネーブで一時的にトランクルームが必要かもしれない~~
かかりつけ医を見つける	アンジェラ			
引っ越し業者を探す	ジュゼッペ			
ジュネーブで自動車を買う	ジュゼッペ		↻	↻
段ボール箱を注文する	アンジェラ			
必要な資金をまとめて当座預金口座に移す	ジュゼッペ			
運送保険	アンジェラ			
トランクルーム	ジュゼッペ			

- 運送中に家具が傷付くかもしれない：アンジェラが付き合いのある保険会社で運送保険を契約する。
- ジュネーブで一時的にトランクルームが必要かもしれない：ジュゼッペが人事部にどこか良い場所がないか問い合わせ、十分な収納スペースがあることを確認しておく。

チーム全体で確認する

| | | ジュネーブへの引っ越しを成功させる | 3カ月 |

			▣	👁
ジュネーブで新居を見つける	アンジェラ			
荷物を段ボールに詰める	レナート、マニュ、リディア			
かかりつけ医を見つける	アンジェラ			
引っ越し業者を探す	ジュゼッペ			
ジュネーブで自動車を買う	ジュゼッペ		↻	↻
段ボール箱を注文する	アンジェラ			
必要な資金をまとめて当座預金口座に移す	ジュゼッペ			
運送保険	アンジェラ			
トランクルーム	ジュゼッペ			

- これで引っ越しの成功に向けて動き出せるという認識を全員で共有し、作業に取りかかる。

友人間での具体例

フォワードパス

盛大な誕生日パーティー

　ルイーゼの誕生日が近づき、彼女の両親（マチルデとバーナード）は素晴らしいパーティーを企画したいと考えました。ルイーゼの親友のトーマスも手伝ってくれます。フォワードパスとバックワードパスのプロセスで、どう力を合わせていったでしょうか。

1

ミッションと期間を発表する

	盛大な誕生日パーティーを開く	2週間	

◎	🤝	🔋	👁
		↺	↺

2

共同目標を定める

	盛大な誕生日パーティーを開く	2週間	

	🤝	🔋	👁
招待客リストを作る			
招待状を送る			
家の飾り付けをする			
ケーキを作り、飲み物を買う		↺	↺

4
共同リソースを検討する

			盛大な誕生日パーティーを開く	2週間

			🔋	👁
招待客リストを作る	ルイーゼ			
招待状を送る	マチルデ	封筒 20枚		
家の飾り付けをする	バーナード	風船 100個		
ケーキを作り、飲み物を買う	トーマス	砂糖、チョコレート、バター		↺

3
共同コミットメントを 明らかにする

			盛大な誕生日パーティーを開く	2週間

			🔋	👁
招待客リストを作る	ルイーゼ			
招待状を送る	マチルデ			
家の飾り付けをする	バーナード			
ケーキを作り、飲み物を買う	トーマス		↺	↺

5
共同リスクを見極める

			盛大な誕生日パーティーを開く	2週間

			🔋	👁
招待客リストを作る	ルイーゼ			
招待状を送る	マチルデ	封筒 20枚		子どもが犬を怖がるかもしれない
家の飾り付けをする	バーナード	風船 100個		騒音に対する隣人からの苦情
ケーキを作り、飲み物を買う	トーマス	砂糖、チョコレート、バター		↺

友人間での具体例

バックワードパス
盛大な誕生日パーティー

6
共同リソースを転換する

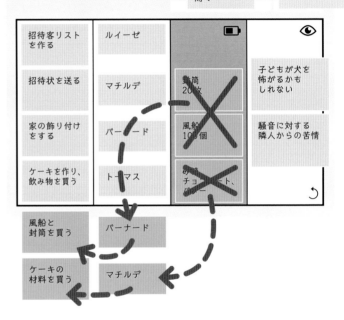

- 封筒20枚と風船100個：バーナードが調達する。
- 砂糖、チョコレート、バター：マチルデが薬局に出掛けるついでに店で材料を買ってくる。

7
共同リスクを転換する

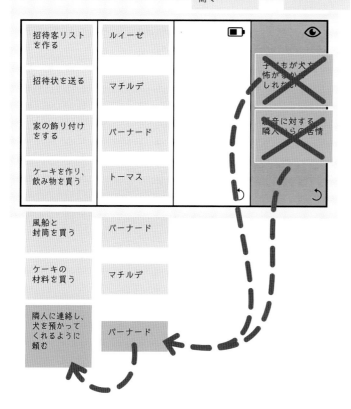

| 盛大な誕生日パーティーを開く | 2週間 |

招待客リストを作る	ルイーゼ		
招待状を送る	マチルデ		
家の飾り付けをする	バーナード		
ケーキを作り、飲み物を買う	トーマス		

子どもが犬を怖がるかもしれない

騒音に対する隣人からの苦情

風船と封筒を買う	バーナード
ケーキの材料を買う	マチルデ
隣人に連絡し、犬を預かってくれるように頼む	バーナード

• 子どもが犬を怖がるかもしれない ＋ 騒音に対する隣人からの苦情：バーナードがすぐに隣人に知らせ、パーティーの時間帯に犬を預かってもらえるか聞いてみる。

チーム全体で確認する

| 盛大な誕生日パーティーを開く | 2週間 |

招待客リストを作る	ルイーゼ		
招待状を送る	マチルデ		
家の飾り付けをする	バーナード		
ケーキを作り、飲み物を買う	トーマス		

風船と封筒を買う	バーナード
ケーキの材料を買う	マチルデ
隣人に連絡し、犬を預かってくれるように頼む	バーナード

• これで盛大な誕生日パーティーに向けて動き出せるという認識を全員で共有し、作業に取りかかる。

レベルアップのヒント

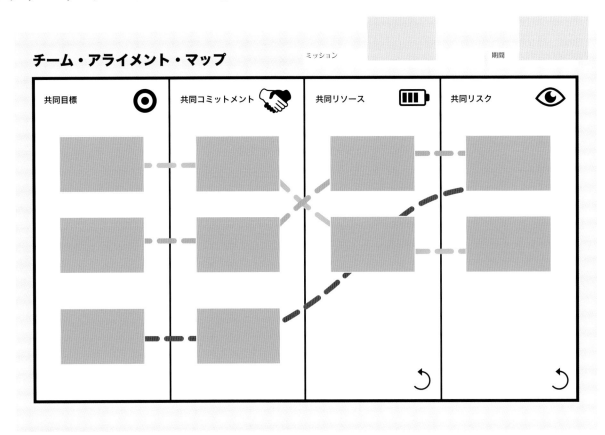

関係を視覚化する

簡単に線を引くだけで、関係を視覚化できます。

取り除いた項目

バックワードパスで共同リスクや共同リソースから取り除いた項目はどうすべき？

新しい目標に並べて、左の外側に置く

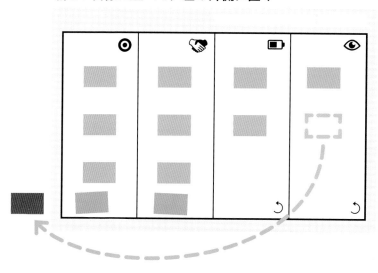

右の外側に置く

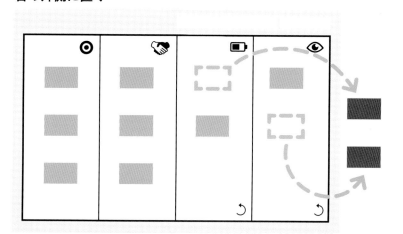

廃棄する

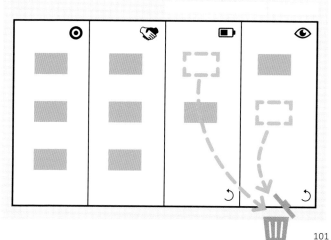

1.3
チーム・アライメント・マップを使って、目指す方向性を維持する（評価モード）

プロジェクト開始前にチームの準備状態を調べ、開始後は問題に対処して軌道修正する

チーム・アライメント・マップをプロジェクトやチームの評価に活用する

盲点を明らかにし、認識の小さなずれの積み重なりが大きな問題になるのを防ぐ警告システムとして、TAMを役立てられます。

TAMを使った手っ取り早い視覚的評価により、次のような段階で成功に最低限必要な条件がそろったか確認できます。

- プロジェクト発足時に、良いスタートを切るため
- プロジェクト開始後に、正しい軌道から外れないため

最低限の条件がそろわずにプロジェクトを開始し、共同作業のはずが、たえず危機対応に追われることになってしまうケースがよくあります。準備不足だったり、メンバー間で実は理解が食い違っているという共同作業上の盲点があったりするからです。最初から最後までアライメントを維持することは成功に欠かせません。手早い評価でも、チームの方向性がどれだけ一致しているかを可視化でき、回避可能な問題に前もって対策を立てられます。

評価に際しては、各メンバーに対し、課された役割を十分に果たせると思うか質問します。そして投票を求めますが、場合によっては無記名式でも構いません。投票によって全体としての意見が浮き彫りになるため、チームで結果を解釈し、アライメントが不十分であれば是正策を講じます。

評価を始める前に、次のページに示されている通り、各欄に縦軸を1本ずつ描き、以下の説明を入れていきます（下から上に）。

1. 共同目標：不明確・どちらでもない・明確
2. 共同コミットメント：暗示的・どちらでもない・明示的
3. 共同リソース：不足・どちらでもない・利用可能
4. 共同リスク：過小評価されている・どちらでもない・制御されている

準備ができたら、次の3つの基本ステップで評価しましょう。

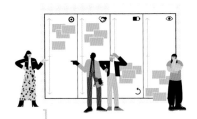

1 あぶり出し

メンバーが個々に投票し、全員で結果を把握します。

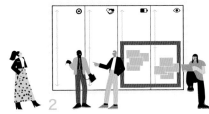

2 考察

問題となる部分を特定し、チーム全体で分析します。

3 是正

問題への対処方法を判断し、全員でそれを確認します。

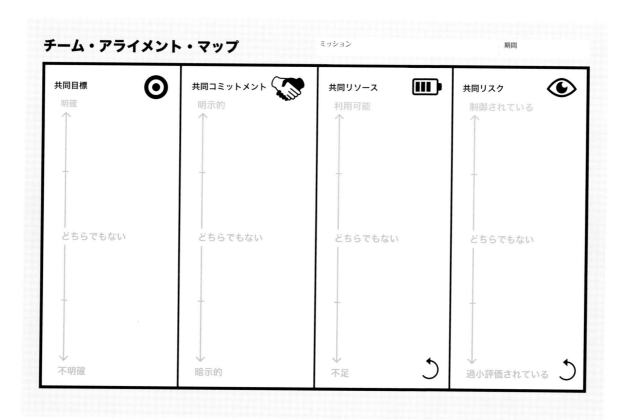

チーム・アライメント・マップ

ミッション   期間

共同目標	共同コミットメント	共同リソース	共同リスク

共同目標

明確
↑

どちらでもない

不明確

共同コミットメント

明示的
↑

どちらでもない

暗示的

共同リソース

利用可能
↑

どちらでもない

不足

共同リスク

制御されている
↑

どちらでもない

過小評価されている

ステップ1：あぶり出し

**投票を通じ、メンバーが「チームに十分貢献できそうだ」
と思っているかをあぶり出します。**

1
トピックを発表する

課題は何か？

2
各メンバーが投票する

自分の役割を果たせそうか？

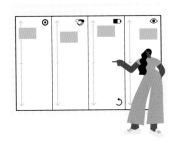 

テレサの意見

- 共同目標：全員で達成しようとしていることが明確だ。
- 共同コミットメント：役割や分担を1つずつ明示的に話し合ってきた。
- 共同リソース：業務に必要なリソースがそろっている。
- 共同リスク：目の前にあるリスクは制御されている。

ルカの意見

- 共同目標：全員で達成しようとしていることが明確だ。
- 共同コミットメント：役割は暗示的で、互いの分担を話し合ったことがない。
- 共同リソース：業務に必要不可欠なリソースを欠いている。
- 共同リスク：制御されているリスクも、過小評価されているリスクもある。

マーラの意見

- 共同目標：明確な目標も、不明確な目標もある。
- 共同コミットメント：話し合われた分担も、暗示的な分担もある。
- 共同リソース：手元にそろっているリソースも、不十分なリソースもある。
- 共同リスク：制御されているリスクも、過小評価されているリスクもある。

ジェレミーの意見

- 共同目標：全員で達成しようとしていることが不明確で、私は戸惑っている。
- 共同コミットメント：役割が暗示的で、互いの分担を話し合ったことがない。
- 共同リソース：業務に必要不可欠なリソースを欠いている。
- 共同リスク：目の前にあるリスクが過小評価されている。

3
結果を把握する

全体でどのような結果に？

プロジェクト
X

「アハ体験」の瞬間。投票を通じてグループ意識が芽生え、問題認識が共有されます。

ステップ2：考察

認識のずれを特定し、その理由を知るために議論します。

縦軸に沿った投票で、各メンバーが十分に貢献できる状態にあるかが示されます。また、チーム全員が同じ認識を共有しているという意味でのアライメントの度合いも浮き彫りとなります。

理想は、すべての票が上方のグリーンゾーンに入ることです。メンバーがすべての票をグリーンゾーンに置いた場合、次のことを意味します。

1. 目標が明確である
2. コミットメントが明示的に合意されている
3. 業務に必要なリソースが利用可能である
4. リスクが制御されている

つまり、グリーンゾーンへの投票は、各自の貢献に最低限必要な条件がそろったということです。チーム全員がこのように投票すれば、ポジティブな意味での一致度が高いうえ、誰もが十分な貢献が可能と考えているため、成功する確率が高いと言えます。

大半の票がレッドゾーンの下方に集中するという、ネガティブな意味での一致度が高い場合もあります。これは、メンバー全員がチームにまったく貢献できそうにないという意味です。少ししかレッドゾーンに票が入っていなくても、1人または複数のメンバーが不透明感やリソース不足といった問題を抱えてい

4

結果を解釈する

予想外、それとも予想通り？
ポジティブ、それともネガティブ？
問題はどこに？

るため、直ちに対処しなければなりません。

要するに、縦軸のどの位置に票があるかで、条件が満たされているかどうかがわかり、上方にあればあるほど好評価となります。票の集中はアライメントの達成度の高さを表す半面、分散はアライメントの達成度の低さを示唆します。上方（グリーンゾーン）に票が集中するほど、成功の確率は高まります。票が散らばっていたり、下方（レッドゾーン）に集中していたりすると、共同作業に問題が発生しやすくなります。この場合、いったん立ち止まって話し合い、手遅れになる前に是正策を講じましょう。

成功確率が高い

（縦軸の上から3分の1以内にすべての票）

ほとんどの票がグリーンゾーンに入っていれば問題ありません。チームの方向性が一致し、各自が成果を出す準備が整っています。それ以上話し合う必要はなく、作業に戻りましょう。

レッドゾーン

成功確率が低い

（縦軸の下から3分の2以内に1つまたは複数の票）

1つまたは複数の票がレッドゾーンにある場合、問題がすぐにも起きそうです。1人または複数のメンバーにとって、共同作業の成功条件がそろっていません。問題がどこにあるのか話し合い、手遅れになる前に軌道修正した方が良いでしょう。

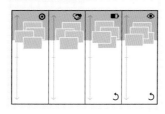

例1：そのまま前進

理想的な投票結果。ポジティブな意味での一致度が高く、十分に貢献できそうだという自信をチーム全員が持っている。

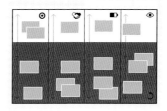

例2：立ち止まって話し合う

4つの欄について話し合い、明確化する必要がある。一部の条件には問題がないという意見のメンバー（上方の票）もいれば、問題ばかりだという意見のメンバー（下方の票）もいる。こうした分散は、チームのアライメントが極めて不十分なことを意味する。

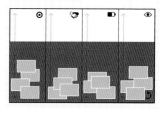

例3：立ち止まって話し合う

4つの欄について話し合う必要がある。ネガティブな意味での一致度が高く、どの項目も問題だと全員が考えている。

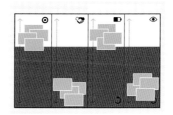

例4：立ち止まって話し合う

コミットメントとリスクの評価だけ極端に低い理由を話し合う必要がある。共同コミットメントが不明確で、共同リスクが過小評価されているという意見ばかり。チーム全体として、共同目標が明確で、リソースが確保されているという認識はある。

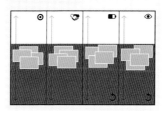

例5：立ち止まって話し合う

4つの欄について直ちに話し合う必要がある。チーム全員が「どちらでもない」という見方を示している。後回しにされがちなプロジェクトや、メンバーが意欲を持てなかったり、意見を言いたがらなかったりするケースに多い。

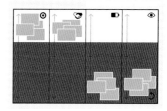

例6：立ち止まって話し合う

右の2つの欄について話し合う必要がある。共同目標と共同コミットメントは明確だが、リソースが決定的に不足し、リスクがなぜか過小評価されている。スタートアップ企業に典型的な投票パターン。

5
問題を分析する

原因は何か？

認識のずれを引き起こした要因とは？

なぜ特定の項目がグリーンゾーンに入れないのか？

このステップの目的は、レッドゾーンに置かれた票や、認識のずれを引き起こす要因についての話し合いです。次のページに書かれている導入的な質問の例が参考になるでしょう。

議論に要する時間は、場合によります。例えば、ソフトウェア開発者が作業期間の3日延長を求めているというリソース不足を理解するのは簡単です。一方、不明確な目標や、暗示的なコミットメント、リスクをめぐる問題は、解き明かすまでに時間がかかります。

問題分析のための導入的な質問

ここにある質問は、集団で検討しながら、問題と考えられる部分により深く迫っていくことを促します。経験則からすると、分析を進める方法として、次のような流れが有効です。

1. 質問をする
2. 答えに耳を傾ける
3. 要約して共有することで、理解を確認する

大まかな質問

投票結果をどう思うか？
問題は何だと思うか？

もっと詳しい掘り下げ

共同目標

- 私たちは何を成し遂げようとしているのか？
- プロジェクトを成功させるのに何が必要か？
- 達成が求められていることは何か？
- どんな最終結果を目指すのか？
- 対処しなければならない課題は何か？
- 計画はどのようなものか？

共同コミットメント

- 誰が、誰と、誰のために、何をするのか？
- 各自の役割と責任は何か？
- 他のメンバーに期待する具体的な行動とは？

共同リソース

- どんなリソースが必要か？
- 各自が役割を果たすうえで欠けているリソースは何か？

共同リスク

- チームの成功を妨げる可能性があるものは何か？
- 最悪のシナリオはどのようなものか？
- 代替プランは何か？

ステップ３：是正

レッドゾーンにある票が、次の投票ではグリーンゾーンに入るように、具体的な対策を講じます。

　問題の原因を突き止めたら、改善に動きます。さらなる説明を行い、決断を下していく必要があります。そうして決められる是正策には、以下のような幅広い選択肢があります。

- 明確化または修正（ミッション、期間、４つの欄に記入された項目など）
- TAMに記入された項目の削除または追加
- TAMの範囲外での決断、優先順位の変更、プロジェクトの分割など

　是正策の効果を検証し、未解決の問題がないか確認するために、７で示す通り、最終投票を行います。これで大半がグリーンゾーンに入れば、評価は成功と見なされます。

6

是正策を決定し、発表する

事態の是正に必要とされる具体的な行動や対策は何か？次の投票でグリーンゾーンに大半の票を集めるために何ができるか？

決断と行動に向けた補足的な質問

- これからどうしたらいいか？　具体的に何をすべきか？
- 今取らなければならない行動とは？　優先すべきは何か？
- ここからどう進むのか？　何を決断するのか？
- すぐ目の前にある次のステップは何か？

+

ミッションと期間の修正

- ミッションを明確化する
- ミッションを言い換える
- 範囲を見直す
- 期間を延長する

+

4つの欄に記入された項目の修正

- 明確化する
- 追加する
- 削除する
- 調整する

+

TAMの範囲外での修正

- 優先順位を変える
- プロジェクトを分割する
- 別のチームに割り振る　など

7

チーム全体で確認する

これで自分の役割を果たせそうか？

新たに投じられた票がどれもグリーンゾーンに入れば、素晴らしいことです！状況が改善され、全員で再び作業に取りかかれます。

レッドゾーンに票がいくつか残った場合は、残念ながら問題がまだあります。分析手順を繰り返すのか、それとも先に進むのかを、チーム全体またはリーダーが理想と現実の折り合いをつけながら判断します。

評価のタイミング

　評価には「プロジェクト発足時に行われるもの」（頻度は高い）と「プロジェクト開始後に行われるもの」（頻度は低い）の2種類があります。アライメントの必要性はプロジェクトの出だしで最も高く、次第にチーム内で共通基盤（p.270）が形成されるにつれて低下していきます。しかし、環境や情報の変化によって危険な盲点が生じる可能性があるため、必要な時に手早く確認することで対応します。

	準備状態チェック向けの評価 「良いスタートを切れそうか？」	トラブル解決向けの評価 「正しい軌道から外れていないか？」
内容	• 成果を出す準備が整ったか？ • 全員が最適な成果を出せそうか？ • 先に進むべきか、それとも準備をまだ重ねるべきか？ • 成功の確率はどれくらいか？	• 全員が最適な成果を出せているか？ • 何らかの変化が危険な盲点を生んでいないか？ • 引き続き成功の道筋にあるか？
タイミング	• 週次ミーティングで（最後の10分間） • プロジェクト発足時のミーティングで（冒頭または半ば）	• プロジェクト実行ミーティングで（最後の10分間） • 必要に応じて開かれるミーティングで（冒頭）
頻度	頻度は比較的高い （プロジェクトを実際に始動するまで） • 毎日 • 毎週 • 必要に応じて	頻度は比較的低い （プロジェクトを実際に始動した後） • 毎月 • 四半期ごと • 半期ごと • 必要に応じて

ケーススタディー
ヘルスケア企業
従業員規模：500人

期限までに
成果が出せるか？

中堅ヘルスケア企業の地域責任者を務めるシモーネ。部下のプロジェクトマネジャーたちは平均5件のプロジェクトを任され、仕事が多すぎると不満の声を上げています。そんな時、事業としての優先度が高い顧客関係管理（CRM）プロジェクトが予定通りに完了できないのではないかという臆測が流れ始めました。シモーネはどういった点を心配すべきでしょうか。

1

あぶり出し

シモーネは、CRMプロジェクトが予定通りに完了できるか見極めるため、トラブル解決向けの評価を臨時に行うことにしました。チームに所属する4人を集め、投票を行うと、共同リソースに問題があるという結果が出ました。予定通りの業務完了に十分なリソースがないという意見で、全員が一致しました。

出典：Mastrogiacomo, Missonier & Bonazzi（2014）

2
考察

チームでの考察に入ります。メンバーからは、仕事の量が多すぎるため、すべての業務をこなすだけの時間がなく、期限を守れないという発言がありました。シモーネはさらに掘り下げていく中で、プロジェクトの枠内にも、自らの責任範囲にも入っていない、優先度の低い業務に取り組んでいるメンバーがいると気づきました。

社内で最近、組織の変更があったにもかかわらず、なぜかこのチームにはその情報が入っていませんでした。変化を知らなかったことに気づいた瞬間、ミーティングが重要な転機を迎えました。

3
是正

シモーネは、一部の業務が外注され、チーム内で手掛ける必要はなくなると説明しました。そのうえで、CRMプロジェクトの新たな優先事項と目標を明らかにしました。メンバーたちは安心し、確認を目的とした再度の投票では、全員が新たな条件の下で予定通り役目を果たせそうだとの見方を示しました。
CRMプロジェクトは結局、期限までに完了しました。

評価セッションの流れ

1
あぶり出し

ミッション、プロジェクト、議題のいずれかを発表する

- 課題は何か？

各メンバーが投票する

- 自分の役割を果たせそうか？

結果を把握する

- 全体でどのような結果に？

2
考察

結果を解釈する

- 予想外、それとも予想通り？
- ポジティブ、それともネガティブ？
- 問題はどこに？

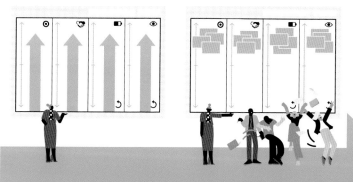

3
是正

問題を分析する

- 原因は何か？
- 認識のずれを引き起こした要因とは？
- なぜ特定の項目がグリーンゾーンに入れないのか？

是正策を決定し、発表する

- 事態の改善に必要とされる具体的な行動や対策は何か？
- 次の投票でグリーンゾーンに大半の票を集めるために何ができるか？

チーム全体で確認する

- これで自分の役割を果たせそうか？

チーム・アライメント・マップを使ってみよう

実践での活用法

「情報は
差異を生む差異である」

グレゴリー・ベイトソン（人類学者）

第２章のポイント

まずはTAMをミーティングで活用する方法、
さらにプロジェクト（時間軸を追加）や
組織（時間軸と複数のチームを追加）でも
生かす方法を学ぶ。

2.1
ミーティングで使う
チーム・アライメント・マップ

もっと生産的なミーティングで、具体的な行動につなげる

2.2
プロジェクトで使う
チーム・アライメント・マップ

プロジェクトのリスクを低下させ、実行上の問題を減らす

2.3
組織をまとめるために使う
チーム・アライメント・マップ

リーダー、チーム、部門間の足並みをそろえ、サイロ化を解消する

2.1
ミーティングで使う
チーム・アライメント・マップ

もっと生産的なミーティングで、具体的な行動につなげる

またミーティングを開こうか？

もっと生産的で、
具体的な行動につなげる
ミーティングの運営テクニック

　議論が堂々めぐりにならないよう、TAMを使って言葉から
実行への転換を促し、チームの焦点を定め、各メンバーが行
動を起こすのを支えます。

○
行動を起こすのに
適しています

メンバーの行動を促し、足並みをそろえ、
チームとして成果を出す目的でTAMを
使いましょう。

×
検討には
適していません

ブレインストーミングや議論の目的でTAM
を使わないでください。探索的な話し合
いに役立つようには作られていません。

チームの焦点を定める

話し合いを順序立て、混乱や退屈を招かないようにしましょう。

　ミーティングの最後のまとめとしてTAMを使い、メンバーを具体的な次のステップに集中させることができます。この方法で、ミーティングの効果はぐっと高まります。誰もやりたがらず、時間の無駄とも考えられるミーティングですが、それ自体が問題なわけではありません。顔を合わせることは、共同作業に生かせる「テクノロジー」の中で世界一優れています（p.276「もっと詳しく——コミュニケーション方法が共通基盤の構築に及ぼす効果」）。重要なのは、何が話し合われるかです。TAMは話し合いを合理的に順序立てるのに役立ち、全員の理解と参加、そして次に何をすべきかについての意思統一を促します。

→

こんな時に使えるTAM

- やり取りをスピードアップし、時間を
  節約する
- 話し合いの焦点をはっきりさせ、混乱
  を避ける

TAMを使った「タイムボックス」ミーティング

1. タイムボックス（所要時間）を決める（30、60、90分など）。
2. 議事の一覧を共有する。
3. 議題を話し合う。
4. TAM上でフォワードパスとバックワードパスを行い、誰が何をするかを明確にする。
5. TAMの画像を共有する。

ミーティングの冒頭から段々とTAMに記入していくことも可能です。議題を話し合い、具体的な行動が必要となった時点で共同目標を作成し、フォワードパスとバックワードパスを手早く行います。

チーム・アライメント・マップ

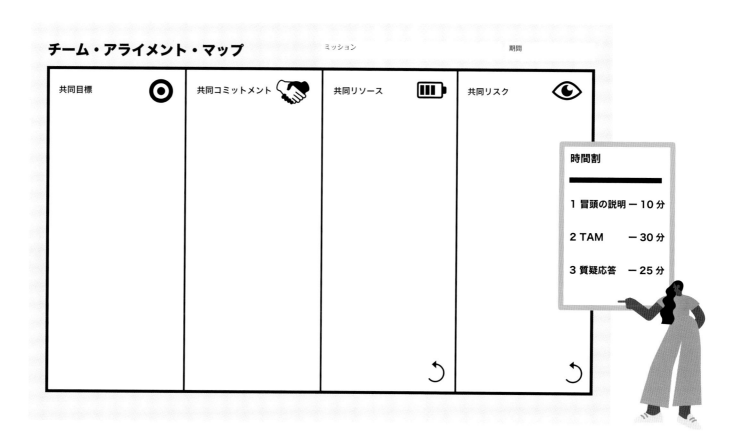

| 共同目標 ◉ | 共同コミットメント 🤝 | 共同リソース 🔋 | 共同リスク 👁 |

時間割

1 冒頭の説明 － 10 分

2 TAM 　　 － 30 分

3 質疑応答 － 25 分

エンゲージメントを高める

チームを１人でけん引するのに疲れていませんか？

　ミッションを、チーム全体で取り組む価値のある挑戦と位置付けましょう。各自の関わり方が薄いと、エンゲージメントや主体性が失われます。ミッションを挑戦しがいのある問いに仕立て上げ、メンバー全員がTAM上で直接答えていくようにしましょう。皆で一緒に回答していくと、１人ひとりのエンゲージメントや気力が高まります。各自が考えて意見を言う時間を２分か３分、あるいは５分ずつ与えると、全員が（特に内気な人も）声を上げることができ、創造性が育まれるだけでなく、公正なチームであるという印象も強まります。

→

こんな時に使えるTAM

- メンバーの士気を高め、全員が当事者であるという意識を作り出す
- 真のチームとしてまとまり、個人レベルと全体レベルの目標の方向性を一致させる

ミッションを挑戦しがいのある問いに仕立て上げる

1. ミッションを、誰もが理解できる問いや挑戦、問題に仕立て上げる。「どうやって～するか？」「どうすれば～できるか？」「～する方法は？」といった問いの立て方を使う。
2. 全員が問いを理解したことを確認する。
3. ５分間で各自が答えを準備する（フォワードパス）。
4. フォワードパスの発表時間は１人につき２分間とする。
5. 意見をまとめ、全員一緒にバックワードパスを行う。

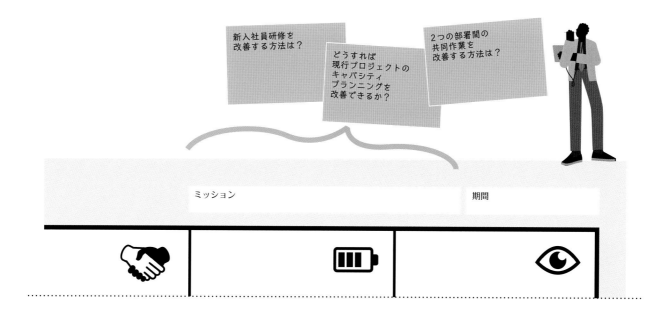

新入社員研修を
改善する方法は？

どうすれば
現行プロジェクトの
キャパシティ
プランニングを
改善できるか？

2つの部署間の
共同作業を
改善する方法は？

ミッション

期間

ミーティングの効果を上げる

くどい話より行動が重視されるようにしましょう。

　誰も責任を持とうとしなければ、目標がリスクになります。余計な話はやめて、誰が何をしなければならないのかについての意思統一を図りましょう。効果が最大化されるよう、各自の役割をTAM上で視覚化し、全員が理解して納得できるようにします。誰も責任を負わない共同目標は、何ら結果をもたらさないリスクがあるという認識を、チーム全体で共有しましょう。

→

こんな時に使えるTAM

- 話し合いから行動への転換を促し、誰が何をするかを明示する
- 現実離れを防ぐ：誰もコミットしない目標はリスクと捉える

話し合いから、明確なコミットメントを伴う行動に切り替える

1. フォワードパスとバックワードパスを行う。
2. すべての共同目標が共同コミットメントと対応していることを確認する。必要に応じて期限を加える。
3. 対応する共同コミットメントがない共同目標はすべて、共同リスクの欄に移す。
4. TAMの画像を共有する。

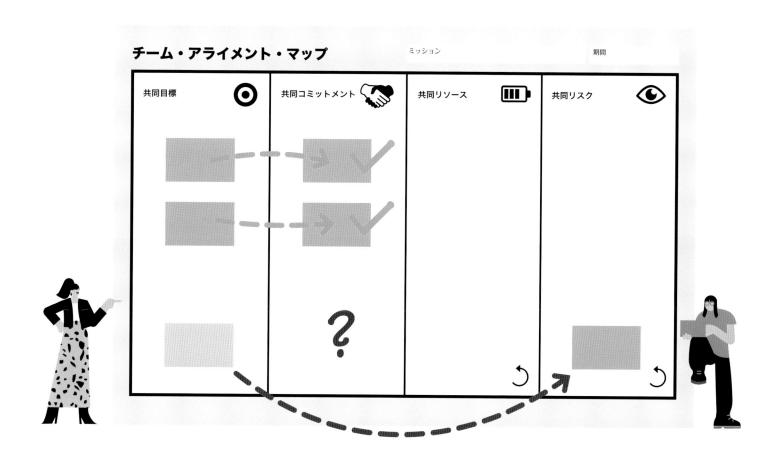

チーム・アライメント・マップ　　　　ミッション　　　　　　　　期間

共同目標　　　共同コミットメント　　　共同リソース　　　共同リスク

情報を踏まえて判断を下す

共同作業上の盲点や問題をあぶり出し、進むべきか立ち止まるべきかの判断の質を上げましょう。

　TAMの評価モードでの投票を通じ、成功の確率が実際に目に見えるようになります。評価によって認識のずれがあぶり出され、チーム全体の方向性が一致しているほど成功の可能性は高くなります。予算を無駄遣いすべきではないので、低コストで手早い評価方法を使ってアライメントを可視化しましょう。そのうえで、リソースの動員の是非や、さらなる準備の必要性を判断します。

→

こんな時に使えるTAM

* 問題を前もって突き止め、盲点をあぶり出す
* 進むべきか立ち止まるべきかを、情報を踏まえて判断する（コストの節約）

TAMでチームの準備状態を評価し、問題を解決する

1. TAMを使った評価（p.102）を行う。
2. 投票を実施し、判断を下す。

+

役に立つヒント

* 限られた時間内に問題を解決できない場合、別のミーティングを設定しましょう。2回目のミーティングの最後に再び評価を行い、問題へ適切に対処できたか確認します。

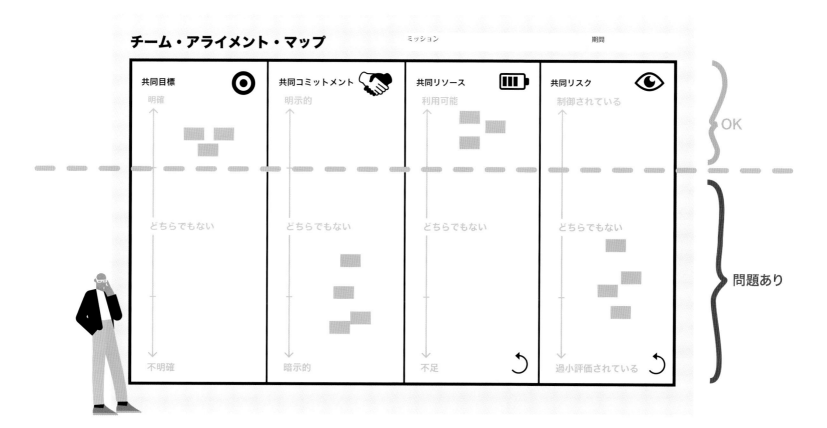

チーム・アライメント・マップ　　　ミッション　　　　　　　　　期間

共同目標 ◉	共同コミットメント 🤝	共同リソース 🔋	共同リスク 👁
明確	明示的	利用可能	制御されている
どちらでもない	どちらでもない	どちらでもない	どちらでもない
不明確	暗示的	不足	過小評価されている

OK

問題あり

ケーススタディー
人道援助機関
従業員規模：3万6000人

給与、休暇、
雇用契約書の管理を
HRISで標準化する

CEOから与えられた
ミッション

全員が賛成って本当？

欧州にある人道援助機関の本部で働くヤスミンは、新たな人事情報システム（HRIS）を使って全世界の人事プロセスを統一する仕事を任されています。これはCEOから直接与えられたミッションで、5カ国にまたがる13人がプロジェクトに関わります。誰もがCEOの意見に賛同している様子ですが、ヤスミンはどうも納得できず、TAMを使ってプロジェクトチームの評価を行うことにしました。彼女の勘は正しかったでしょうか？

1
あぶり出し

投票の結果、共同目標、共同リソース、共同リスクについては、ポジティブな意味での一致度が高いことが示されました。しかし、共同コミットメントには問題がありそうです。

出典：Mastrogiacomo, Missonier & Bonazzi（2014）

給与、休暇、
雇用契約書の管理を
HRISで標準化する

2
考察

共同コミットメントの欄における認識のずれを話し
合います。このチームはすぐに、コミットメント自体
が問題ではないと気づきました。ミッションがあい
まいなため、各自の解釈が異なっていたというわけ
で、共同目標が大ざっぱすぎたのです。1人ひとりが
ミッションの勝手な解釈に基づいて役割を引き受け
ていたことに問題があったと可視化されました。

3
是正

現行のミッションをより小さなミッション3つに細
分化し、プロジェクトも3つに分け、TAMを新たに
3つ作成する判断を下しました。各TAM上でフォ
ワードパスとバックワードパスを行い、最後に確認
のための投票を3つ実施しました。この投票により、
チーム全体で方向性の一致が確認され、次のステッ
プに自信が持てるようになりました。ヤスミンが安
心したのは間違いありません。

レベルアップのヒント

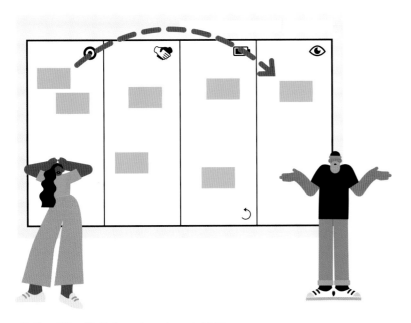

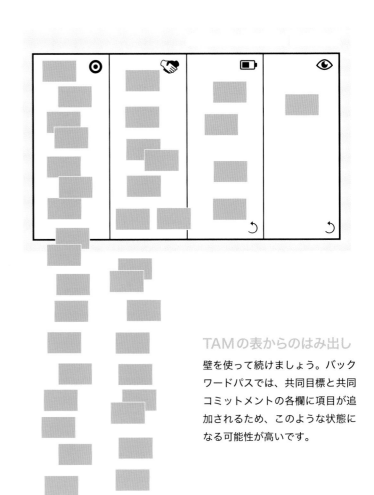

意見の不一致やあいまいさへの対処

不明確な項目は、共同リスクの欄に移動します。アライメントのセッションの目的は、相互に明確化し、合意を形成したうえでミーティングを終えることです。TAM上で内容があいまいだと受け止められたり、意見の不一致が起きたりする場合は、その項目を共同リスクの欄に移動して議論します。内容が明確になり、全体の意見が一致した場合に限り、元の欄に戻しましょう。

TAMの表からのはみ出し

壁を使って続けましょう。バックワードパスでは、共同目標と共同コミットメントの各欄に項目が追加されるため、このような状態になる可能性が高いです。

関係者の欠席や遅刻者への対応

後からやって来た人全員にまとめて数分間で成り行きを説明し、すぐに議論に加わって意見を言ってもらえるようにします。チームの成功は、チームの共通基盤にかかっています。主要な関係者がミーティングを欠席したら、1対1の面談で経過を説明します。欠席者も情報共有の輪にとどめておくことが、チーム全体の成功に不可欠です。

リスクの見極め：感情をKPIとして捉える

恐怖や反発といった感情的反応を、問題を発見するきっかけと捉えます。人間は生物学的に、問題を予測するようにできていて、不安や怒り、悲しみ、嫌悪は、隠れたリスクを暗示している可能性があります。ファクト・ファインダー（p.216）は、的確な質問を通じて、ネガティブな感情の裏に隠れている問題をあぶり出すのに役立ちます。

2.2
プロジェクトで使う
チーム・アライメント・マップ

プロジェクトのリスクを低下させ、実行上の問題を減らす

まだ間に合うかな？

プロジェクトのリスクと実行上の問題を減らすテクニック

　プロジェクトにおいては、主要な関係者の足並みが十分にそろっていないと、多大なエネルギーとリソースが無駄になります。情報の伝達がおろそかになり、実行上の問題が予算や時間のオーバー、品質の低下、クライアントの不満につながります。実行すべき事柄の一覧を最初に共有し、プロジェクト進行中もアライメントを高く維持することを、あらゆるプロジェクトリーダーやマネジャーが最優先しなければなりません。同様に、関係者1人ひとりが情報に耳を傾け、新しい情報を皆と共有する責任があります。

○
プロジェクトに適しています

新規に編成されたプロジェクトチームにも、既存のプロジェクトチームにも向いています。単独でも、他のプロジェクト管理ツールとの併用でも使え、ウォーターフォール型とアジャイル型のいずれのプロジェクト管理手法にも適合します。

×
日常業務には適していません

大量の反復作業を安定的に行うチームにとっては、何かプロジェクトが予定されている場合でない限り、役に立ちません。

プロジェクトで良いスタートを切る
p.150
方向性の一致でスムーズな滑り出し

アライメントを維持する
p.152
プロジェクトのライフサイクル完結まで円滑に連携

タスクの進行状況を監視する
p.156
チーム・アライメント・カンバンで
アライメントと進行状況をまとめて把握

（楽しみながら）リスクを減らす
p.160
チーム全体で視覚的にリスクを軽減

分散したチームのアライメントを整える
p.162
オンライン・ホワイトボードで距離の壁を克服

プロジェクトで良いスタートを切る

出だしで失敗するよりコストを節約できます。

TAMを使えば、最初の全体像を手早く作成できます。ウォーターフォール型のプロジェクト計画であれ、アジャイル型のリリース計画であれ、各メンバーが自分の立ち位置を確認できる全体像を描く必要があります。

初めから高水準のアライメントを達成するには、通常以上の努力が必要ですが、プロジェクトの最後までずっと効果を実感できます。

最初の方向性の一致を怠る利点は1つもありません。全員の足並みがそろわないまま実際の作業に取りかかると、後になってすり合わせたり、危機に対処したりする労力がすぐに爆発的に増えます。プロジェクトの実行にあたっては、良いスタートが何よりも大事です。

→

こんな時に使えるTAM

- 最初のアライメントを助け、成功の確率を高める
- 実行段階を円滑にし、うまくコントロールできるようにする

TAMセッションでプロジェクトを開始する

1. 行動に移る前にTAMを使い、誰が何をするかについてのアライメントを確立または確認する。
2. プロジェクトの始動時にTAMセッションを行う。経験則からすると、十分なアライメントが達成されるまではキックオフの延期が推奨される。

ウォーターフォール型

立ち上げ　計画　実行　完成

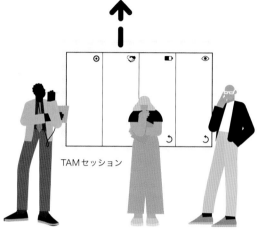

TAMセッション

アジャイル型

TAMセッション

アライメントを
維持する

プロジェクトのライフサイクル完結まで足並みが乱れないようにします。

　アライメントの努力は、プロジェクトの最初から最後まで同じようなものでしょうか。いいえ、そんなことはありません。最初に方向性の一致度が高ければ、時間の経過に伴って努力の必要性が低下します。逆に、方向性をそろえないまま始まったプロジェクトでは、認識のずれによって問題が大きくなっていきます。

→

こんな時に使えるTAM

- 正しいタイミングでのアライメントに力を注ぐ
- 過剰なまでの共同作業を避ける

TAMセッションで
プロジェクトの進行を支える

1. **ウォーターフォール型プロジェクト**：立ち上げと計画の各段階では1週間または1カ月に1度のペース、その後の実行と完成の各段階では必要な場合にのみTAMを活用する。
2. **アジャイル型プロジェクト**：各スプリントの初めにTAMセッションを手早く行う。時間の経過に伴って、セッションは短くなっていく。

ウォーターフォール型プロジェクトにおけるアライメントの必要性

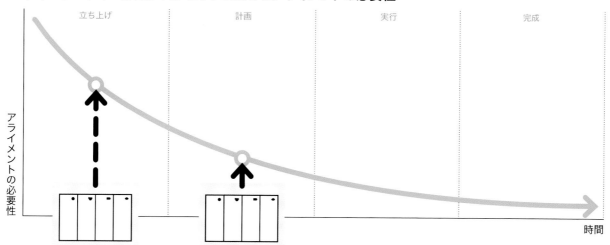

アジャイル型プロジェクトにおけるアライメントの必要性

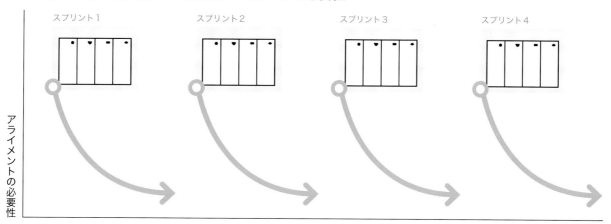

TAMで
アライメントを維持する
4つの簡単な方法

ミーティング1
計画モード

ミーティング2
計画モード

ミーティングN
計画モード

1週間ごと

最初のTAMを作成し、その画像をメンバー全員と共有します。次のセッションでは、前回のTAMの画像を参照しながら、新しいTAMを作成します。

ミーティング1
計画モード

ミーティング2
評価モード（点検）

ミーティングN
評価モード（点検）

最初の計画と途中での点検

最初に1度だけTAMセッションを開き、その画像をメンバー全員と共有します。その後はミーティングの最後に手早く評価だけ行い、軌道から外れていないか確認します。必要があれば、最初のTAMを更新します。

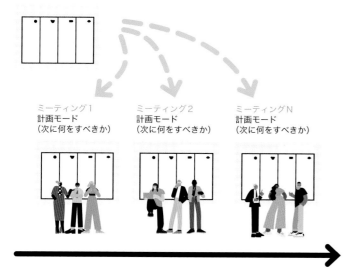

計画
（プロジェクト全体）

ミーティング1
計画モード
（次に何をすべきか）

ミーティング2
計画モード
（次に何をすべきか）

ミーティングN
計画モード
（次に何をすべきか）

ミーティング1
評価モード

ミーティング2
評価モード

ミーティングN
評価モード

プロジェクトを週ごとに細分

プロジェクト全体をカバーするTAMを作成します。
1週間ごとに、その週の作業分だけをカバーする新し
いTAMを作成します。

短時間で点検

他のプロジェクト管理ツールやメソッドを採用して
いるチームでも、主要なミーティングの最後にTAM
を使って手早く点検できます。

タスクの進行状況を監視する

カンバン方式TAMで、アライメントの達成と進行状況の把握を同時に行う方法とは？

　アライメントと進行状況の追跡は別々の作業であり、進行状況は通常、プロジェクト管理ツールで把握されます。中小規模のプロジェクト向けには、低コストのソリューションとして、TAMを壁に貼り、カンバンボードを模した３つの欄を書き加える方法があります。

こんな時に使えるTAM

- １つの壁だけを使ってアライメントを整え、進行状況を確認する
- 簡単でコストの低いソリューションから効果を得る

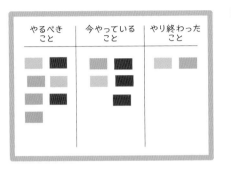

カンバンボードは、進行状況を監視するためのシンプルかつ強力なひな形です。これらの３つの欄をタスク（色とりどりの付箋紙）が移動していきます。実行が決まっていながら未着手の作業は「**やるべきこと**」、メンバーが目下取り組んでいる作業は「**今やっていること**」、完了した作業は「**やり終わったこと**」に分類します。

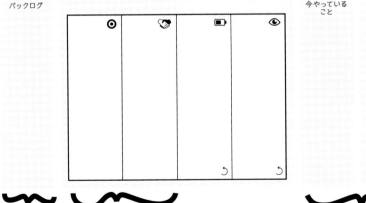

「**バックログ**」欄は、メールの受信ボックスのようなもので、まだチーム全体での話し合いや確認が行われていないアイデアや目標を溜めておく場所です。

共同目標と共同コミットメントを組み合わせると、通常のカンバンボードの「**やるべきこと**」に相当します。

カンバンボードの右の２つの欄。

カンバン方式TAMで
進行状況を監視する

1. ミッションを設定する。
2. 新たなアイデアや目標を「バックログ」欄に記入していく。
3. 優先度の高い項目でフォワードパスとバックワードパスを行う。
4. 共同目標と共同コミットメントの組み合わせ（「やるべきこと」）を、メンバーが着手した時点で「今やっていること」、作業が完了した時点で「やり終わったこと」に移動する。

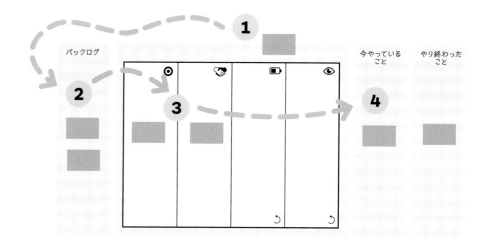

カンバン方式TAMを
実際に使う

**1つの壁を「予備スペース」「明確化」「追跡」という3つ
のエリアに大別します。**

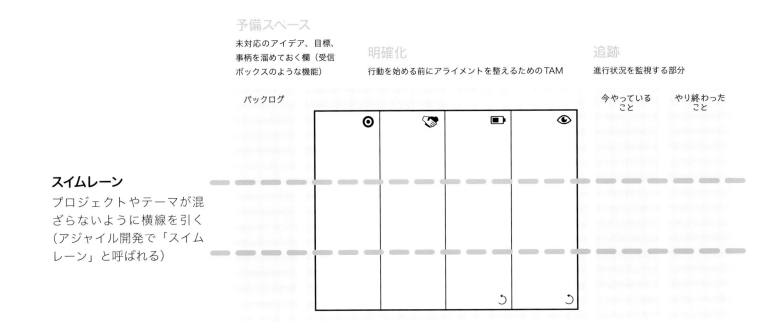

予備スペース

未対応のアイデア、目標、
事柄を溜めておく欄（受信
ボックスのような機能）

明確化

行動を始める前にアライメントを整えるためのTAM

追跡

進行状況を監視する部分

バックログ

今やっている
こと

やり終わった
こと

スイムレーン

プロジェクトやテーマが混
ざらないように横線を引く
（アジャイル開発で「スイム
レーン」と呼ばれる）

例

1. このチームは、オンライン市場での
   シェア拡大をミッションに掲げてい
   ます。未着手のアイデアとして、オン
   ラインショップのデザイン変更があ
   ります。
2. ペドロは、必要なライセンスを購入す
   るための予算が3万ドルあれば、オン
   ラインショップを改良すると約束し
   ました（フォワードパス）。
3. マーケティング部長のカルメンは、す
   ぐに予算を確保すると約束しました
   （バックワードパス）。
4. カルメンが予算に問題がないことを
   報告すると、ペドロはデザインの変更
   に取りかかりました。2人は共同コ
   ミットメント（「やるべきこと」）を、
   「今やっていること」と「やり終わっ
   たこと」にそれぞれ移動しました。
5. 「今やっていること」と「やり終わっ
   たこと」の各欄で、誰が何を実行中
   で、何を実行し終えたのかを随時確認
   できます。

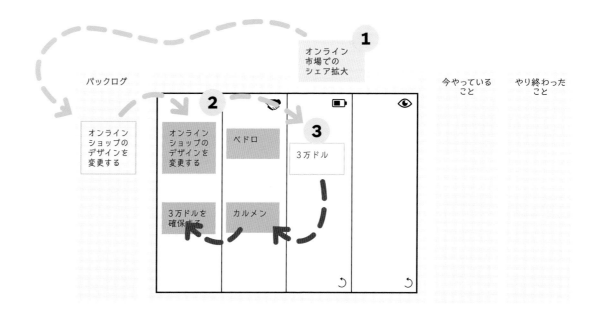

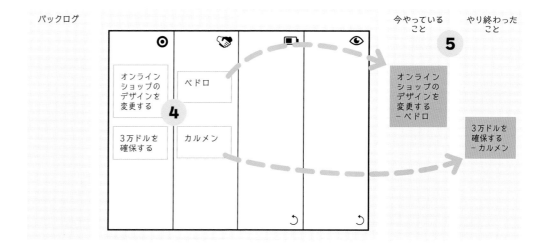

（楽しみながら）リスクを減らす

チーム全体で視覚的にリスクを軽減しましょう。

　プロジェクトチームは、リスク管理をおろそかにしてしまうことがあります。確かに、長時間かけてスプレッドシートをちまちまと埋めるのは苦行かもしれません。

　こうした作業も、アライメントのセッションの中で視覚的に行えれば、楽しいものになります。そこにバックワードパスの存在意義があります。付箋紙を外す時は問題を片付けたという意味であり、前進が目に見え、チーム全体のモチベーションが高まります。

→

こんな時に使えるTAM

- プロジェクトのリスク軽減を円滑に行う
- リスク管理に対する説明責任を明確化する

バックワードパスを念入りに実行する

1. フォワードパスとバックワードパスを行う。
2. バックワードパスを念入りに行う：最後の2つの欄がきちんと片付けられ、重要な項目が残っていないようにする。
3. 時間が足りない場合、次回のミーティングを設定する。
4. チーム全体で確認のための投票を行い、TAMと投票結果の画像を共有する。

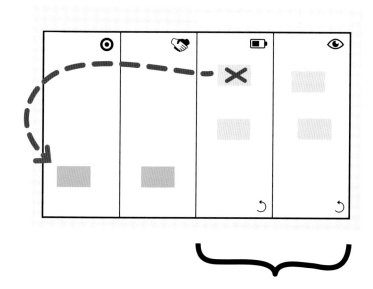

この２つの欄を空っぽに
するという課題をチーム
に与える。

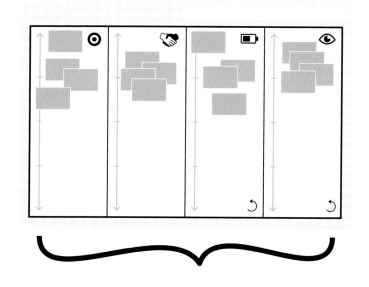

確認のための投票で締めくくる
（上に示されているのは、その投票
結果として最も好ましい例）。

分散したチームのアライメントを整える

オンライン・ホワイトボードで距離の壁を克服しましょう。

チームが分散している場合、「Miro」や「MURAL」などのオンライン・ホワイトボードを使って、リモートで方向性のすり合わせができます。オンライン・ホワイトボードには、次のような利点があります。

- 書き込みスペースが無限で、物理的な制限がない
- 同期的か非同期的かを問わずに共同作業できる
- チャット・ビデオ会議機能
- 動画や文書の添付、コメントの追加が可能

オンサイトのチームでも、これらの利点を生かせるほか、アップデートのまとめ、変更履歴の記録、データの保存、プロジェクト管理専用ツールとの統合性といった機能を役立てられます。

→

こんな時に使えるTAM

- オンライン・ホワイトボード上にテンプレを作成する
- リモートで方向性をすり合わせ、足並みの乱れを防ぐ

+

役に立つヒント

- アライメントのセッション初回ではビデオ会議を行うと、非言語的な情報まで伝わります。
- アライメントと進行状況の監視をまとめて行うには、カンバン方式TAMを作成します（p.156）。
- TAMを使った評価には、オンライン・ホワイトボードより、オンラインでのアンケート調査が適しています。

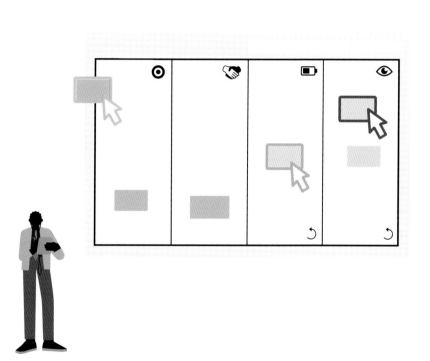

レベルアップのヒント

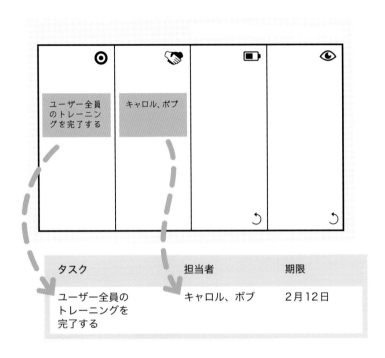

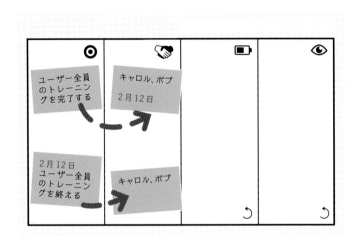

オンラインツールでタスクを追跡する

共同目標と共同コミットメントの組み合わせを、タスクと担当者の欄に移し替えます。共同リソースと共同リスクも、同様に移し替えて割り当てることができます。

期限やマイルストーン（中間目標）を
追加する

共同目標や共同コミットメントの項目には、日付や期間を直接書き込みます。マイルストーンは共同目標として、一番左の欄に追加しましょう。

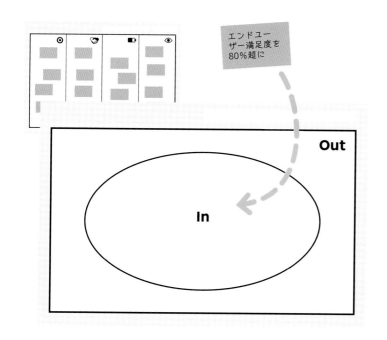

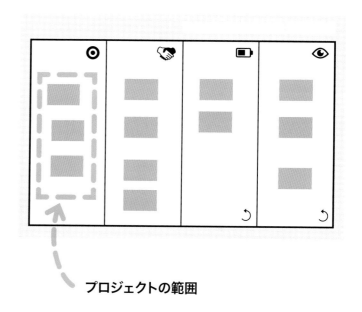

プロジェクトの範囲

成功の目安を追加する

チーム・コントラクト（p.196）を使って成功の目安
を設定します。TAMの主な機能は共同作業のアライ
メントで、チーム・コントラクトは共同作業のルール
を定めるのに特化しています。

TAMに記載されていない目標がある場合

記載されていない目標は、ミッションの範囲から外
れているという意味になります。

2.3
組織をまとめるために使う
チーム・アライメント・マップ

リーダー、チーム、部門間の足並みをそろえ、サイロ化を解消する

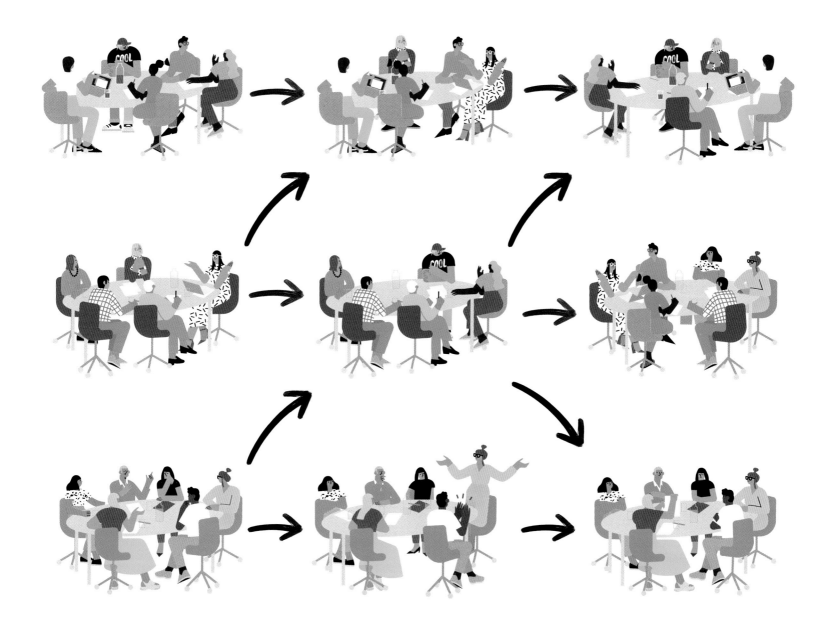

複数のチームで
アライメントを整えるテクニック

　いくら有能な個人やチームでも、役割ごとの壁に阻まれていては、新規のプロセスに基づく新しいビジネスモデルや顧客体験、製品、サービスを導入できません。複雑な課題に対処するには、効率的かつクロスファンクショナル（部門横断的）な共同作業が不可欠で、全体的な戦略と、個人レベルでの日々の具体的な行動がどう結び付くのか、メンバーが把握していなければなりません。

　この節で紹介されるテクニックは、戦略実行プロセスの補完に役立つほか、新たな戦略の導入で組織の方向性を一致させ、クロスファンクショナルな協力を促し、大勢の人数を動かそうとする際に有用です。

○
組織変革マネジメントに
適しています

プロセスや用語の共有、チームのエンパワーメント、チーム間やリーダーとのより良い対話を通じて、組織に変革をもたらしましょう。

×
経営幹部からの支持がない
場合には適していません

チームを招集する前に、自分にその権限があるか確認しておきましょう。クロスファンクショナルな性質が強く求められる取り組みであるほど、社内の政治的な反発を避けるために、より高いレベルでの後ろ盾が必要になります。

チームのエンパワーメントを達成する

スーパーヒーローになって燃え尽きないようにしましょう。

　チームのパフォーマンスが深刻に低下するのは、メンバーが戦略的方向性を理解していないため、情報に基づいて判断が下せなかったり、各自が業務を行うための条件やリソースがそろっていなかったりする場合です。

　チームリーダーはTAMを使ったエンパワーメントのセッションを通じ、これらの問題に対処できます。リーダーが方向性（ミッション）を設定してメンバー全員に伝えた後、メンバー同士で方法を検討し（フォワードパス）、リスクを減らし、リソースを話し合います（バックワードパス）。

　このアプローチは、音楽配信会社スポティファイで「アライメントを伴う自主性」と名付けられた方法に似ています。「自主性＝権威×アライメント」（Kniberg 2014）の公式を使って、チームのエンパワーメントを達成できるのです。リーダー（権威）がミッションを設定し、メンバーが方法に責任を持つ（フォワードパスとバックワードパス）という仕組みを、継続的な対話（アライメント）の中で機能させます。

→

こんな時に使えるTAM

- 効率的に権限を委譲する
- 自発的な連携を促し、自主性を高める

TAMを使ったチームのエンパワーメント

役割と責任

リーダー：「何をするか」と「なぜするか」

- ミッションを伝える（取り組むべき課題や解決すべき問題の内容と、その理由）。
- 短期的な目標を設定する。
- チームに必要なリソースを分配する。

メンバー：「どうするか」

- 問題に対して最も良い解決策を見つける。
- リソースの活用を最適化する。
- 必要に応じて他のチームと連携する。

TAMを使ったミーティングで
手早くエンパワーメントを達成する（60分間）

1. ミッション（5分間）：リーダーが明確なミッション（「何をするか」と「なぜするか」）をメンバー全員に伝え、短期的な目標（共同目標）を設定する。リーダーはいったん会議室を出て、ステップ3になったら戻る。
2. フォワードパス（30分間）：メンバーだけでフォワードパスを行うことにより、「どうするか」の自主的な決定における責任感が増す。
3. プレゼンテーション（5分間）：リーダーが戻ってきたところで、メンバーがフォワードパスの経過を報告する。
4. バックワードパス（20分間）：リーダーとメンバーがともに、リソースを話し合って分配し、TAM上の項目を加えたり、調整したり、取り除いたりしながら、リスクを減らしていく。
5. 確認：リーダーとメンバーが一緒に確認する。

+

役に立つヒント

- より積極的な貢献意欲を引き出すために、ミッションを挑戦しがいのある課題に仕立て上げましょう（p.134）。
- チーム・コントラクトを活用し、どのようなルールやプロセス、ツール、確認ポイントに基づいて共同作業を行うかを決めましょう（p.196）。

チームメンバー　　　　　リーダー

大人数のグループのエンゲージメントを高める

大きなチームを動かす方法とは？

　チームへの貢献意欲は、参加によって引き出されます。これは単純明快なことです。大勢の動員には多大なエネルギーと時間を要し、アライメントにいくつものセッションが必要となれば、なおさら大変です。しかし、それだけの労力に見合う価値はあります。グループや取り組みの規模が大きくなるほど、金銭的なリスクも、つまずく可能性も高まるからです。計画の実行段階で予算オーバーなどの大失敗を避けるには、最初の時点でアライメントをしっかり整えておくことが不可欠です。

　そうとわかったら、広い場所を確保し、参加者をいくつかのサブグループに分け、各自に意見を出してもらいましょう。その結果をまとめて共有し、しかるべき判断を下してから、行動に移りましょう。

→

こんな時に使えるTAM

- 参加者の意気込みとエンゲージメントを高める
- 金銭的リスクを軽減する

大きなチームの動員

1. グループ分け（5分間）：参加者を4〜8人ずつのサブグループに分ける。
2. サブグループごとのアライメント（30分間）：共通する全体ミッション、またはサブグループごとに異なるサブミッションを設定し、TAMのセッションを行う。
3. プレゼンテーション（サブグループごとに5分間ずつ）：各サブグループのTAMを全体の前で発表する。
4. 取りまとめ（ミーティング終了後）：必要に応じて、出された結果をファシリテーターが1つのTAMにまとめる。
5. 判断と共有（ミーティング終了後）：まとめられた結果（通常は決定事項の一覧と決定理由も添付）を参加者全員に送信する。

十分なアライメントが達成されるまで、このプロセスを何度か繰り返します。TAMを使った評価をオンラインで行うと、大人数の組織におけるアライメントの水準を確かめるのに役立ちます。

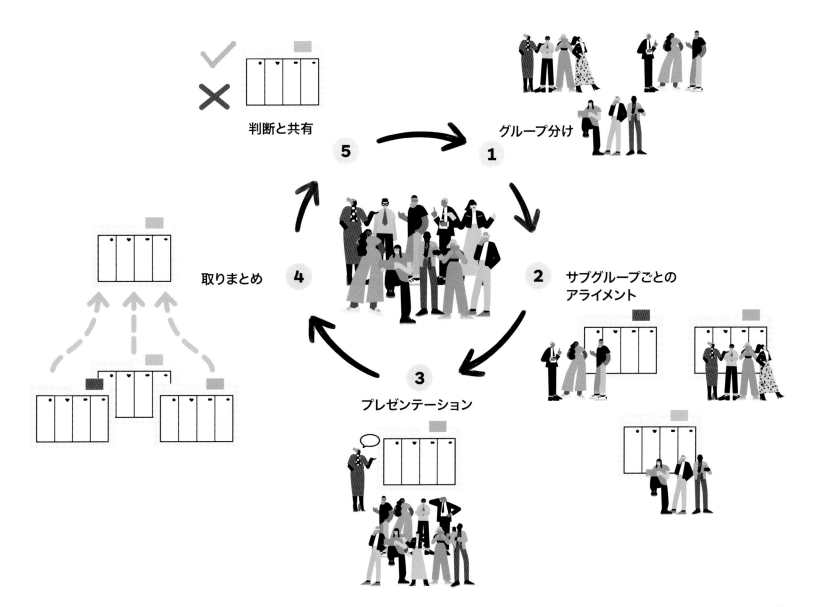

判断と共有

グループ分け

5

1

2

サブグループごとの
アライメント

取りまとめ

4

3

プレゼンテーション

部門・役割間の共同作業を促す

クロスファンクショナルなチームの成功率を高めます。

　ミッションや目標の認識がずれている組織では、クロスファンクショナルなチームが手に負えないほどの押し付け合いに陥る半面、内部リソースを奪い合う政治的な対立が起きて、行き詰まりやすくなります。クロスファンクショナルな共同作業を支える環境の整備にはまず、関係するチームすべてのミッションの方向性をそろえ、共通する短期目標を定め、チームで目標について議論したり、交渉したりできるようにしましょう。そのためにTAMを使ったセッションを行い、リーダー間やチーム間でのミッションと目標のアライメントに力を入れます。

→

こんな時に使えるTAM

- 共有すべき用語とプロセスをまとめ、共通の目標を設定する
- チームとしての文化を育み、新しい共同作業方法を実行する

TAMを使って
クロスファンクショナルな共同作業を支える

3時間（最大6時間）

1. **ミッション**（10分間）：リーダーが明確な全体ミッション（「何をするか」と「なぜするか」）を設定する。そのうえで、全グループに同じ共同目標を与えることも可能。リーダーはいったん会議室を出て、ステップ3になったら戻る。

2. **フォワードパス**（1時間）：各チームのメンバー間で、全体ミッションに対して直接的に、あるいはサブミッションの策定を通じて間接的に貢献する方法を話し合うためのフォワードパスを行う。

3. **プレゼンテーション**（チームごとに5分間ずつ）：リーダーが戻ってきたところで、各チームが全体の前でフォワードパスの経過を発表する。これにより、誰が何をするかの意識を高める。挙げられたサブミッションと、出来上がったTAMの全体像を、リーダーが確認する。

4. **バックワードパスと話し合い**（1時間）：リソースを話し合って分配し、TAM上の項目を加えたり、調整したり、取り除いたりしながら、リスクを減らしていく。新しい目標が追加されると、フォワードパスとバックワードパスをあらためて行う必要があるかもしれないことに注意！　リーダーはチーム間を移動しながら説明を行い、何か要請があればそれに応じる。

5. **まとめと次のステップ**：リーダーがここまでの要点をまとめ、フィードバックと判断のための次回ミーティング日程を知らせる。

+

役に立つヒント

- チーム・コントラクトを作成すると、共同作業のルールの明確化や変更ができます（p.196）。

ミッションと目標のアライメント

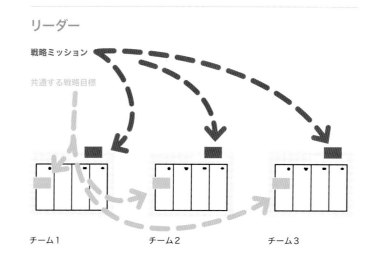

リーダー

戦略ミッション

共通する戦略目標

チーム1　　チーム2　　チーム3

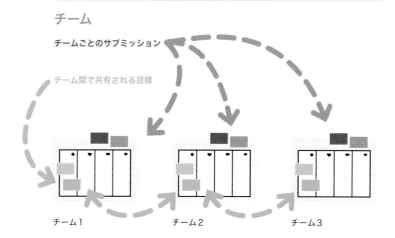

チーム

チームごとのサブミッション

チーム間で共有される目標

チーム1　　チーム2　　チーム3

リソースを話し合って分配する

他のチームやリーダーとリソースを交渉します。

リソース交渉はあらゆるプロジェクトの要です。折衝相手が他チームでもリーダーでも、次の2つの原則に変わりはありません。

- 足りないリソースがある場合、そのリソースと共同目標、ミッションの関係を説明して確保する
- それが不可能なら、関連する共同目標を削除または変更する

オプション1
リーダーとの折衝

- **フォワードパスとバックワードパス**をメンバー間で行う。足りないリソースを話し合うためのプレゼンテーション日程をリーダーと決める。
- **リーダーを交えたプレゼンテーションおよび交渉**：TAMの内容を合理的な順番で示し、背景を説明する。足りないリソースを検討して話し合い、手に入らなければ、関連する目標を変更または削除する。

→
こんな時に使えるTAM

- 首尾一貫した説明でより多くのリソースを確保する
- ミッションと共同目標をより現実的なものにする

他チームとの折衝

- **フォワードパスとバックワードパス**を各チームで行い、チーム別に用意したTAMに記入する。
- **交渉の指針**をあらかじめ話し合って決め、優先順位をつけておく。
それぞれの指針は「高」「中」「低」といった定性的な評価や、1～5といった数字での定量的な評価が可能。すべてを同等に扱うことも、重み付け（50%、30%、20%など）することもできる。
- **プレゼンテーションおよび交渉**：チーム間でTAMを提示し合い、交渉の指針に従ってリソースを融通し合う。

＋

優先すべき指針とは？

- 緊急性、インパクト、顧客価値、戦略への貢献度など。優先順位をつけておくことで、堂々めぐりを避け、有意義な駆け引きが可能になります。

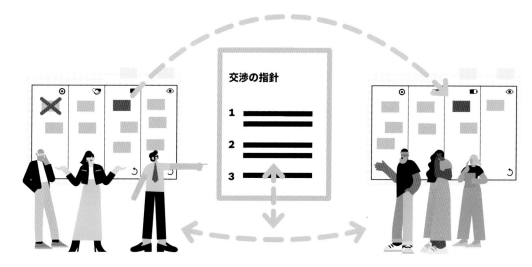

戦略実行プロセスやツールにTAMを組み込む

ビジネスモデル・キャンバスとTAMを一緒に活用する方法とは？

　TAMは、ビジネス戦略の設計を目的としたビジネスモデル・キャンバス（BMC）との相性がとても良いです。BMCの各項目をTAMに移動させ、それぞれのチームの自主的な取り組みに任せることで、戦略を実行に移せます。するとメンバーがプロセスの一端を担っていることを実感し、何が重要なのかを把握できるほか、チームの士気も高まります。

→

こんな時に使えるTAM

- 戦略を実行に移す
- ビジネスモデル・キャンバスと手軽に
  併用する

ビジネスモデル・キャンバスとの統合

1. BMCで戦略を立案する。
2. 次の方法により、主要な戦略目標をTAMで実行に移す。
    - ミッションを割り当てる（例：製品チーム）
    - 目標を割り当てる（例：法務チーム）
    - 複数のチームで取り組む目標を割り当てる（例：マーケティングチーム、販売チーム）
3. チームごとにメンバーがフォワードパスとバックワードパスを行う。戦略の実行に関係するチームすべてが一堂に会し、直接やり取りできるワークショップに組み込むことが考えられる。

十分なアライメントが達成されるまで、このプロセスを何度か繰り返します。TAMを使った評価をオンラインで行い、アライメントの水準を確かめられます。

+

役に立つヒント

- BMC上の「主な活動」を最初に話し合
  うことをお勧めします。
- それからキャンバスの残りの部分を眺め、
  実行すべき戦略目標を見つけましょう。

検索ワード：ビジネスモデル・キャンバス、ビジネスモデル・ジェネレーション、アレックス・オスターワルダー

実行

戦略の立案

ビジネスモデル・キャンバス

キーパートナー　主な活動　価値提案　顧客との関係　顧客セグメント

UI開発

オンラインサポート

パートナーとの契約

主なリソース

チャネル

コスト構造　収入の流れ

製品チーム

法務チーム

マーケティングチーム

販売チーム

新戦略導入の
準備状況を見極める

関係者がたくさんいる場合に成功確率を評価する方法とは？

　この新戦略は成功しそうか？　もっと準備を重ねるべきか？　すぐに下すべき判断や必要とされる行動はないか？

　何百人も関係者がいると、新戦略の導入がうまく進みそうか見極めるのは簡単ではありません。TAMによる迅速なオンライン評価を使って、各自が「チームに十分貢献できそうだ」と思っているか質問できます。その結果を集約すると、新戦略の成功確率の目安になります。何も高度な技術ではありませんが、予算を大きく節約できる可能性があります。こうした評価の実施には、大人数が集まる会場で投票アプリに回答してもらう方法が考えられるほか、アンケート調査ツールを利用したメールを送ることもできます。

→
こんな時に使えるTAM

- 実行リスクを減らす
- 全員に無記名で自由に投票してもらう

TAMを使ったオンライン評価

次のテンプレをオンライン調査ツールに入力し、評価してもらいましょう。

＜戦略名＞に貢献する者として、私は以下のように受け止めている。

- 共同目標が明確だ（1〜5）
- 共同コミットメントが定義され、担当者とチームの役割が明確だ（1〜5）
- 共同リソースが確保されている（1〜5）
- 共同リスクが制御されている（1〜5）

1＝まったくそう思わない
5＝強くそう思う

オンラインツールでは水平方向のスライドが使われているため、TAMを90度回転させる必要があります。

+
役に立つヒント

- テーマやグループごとに評価する場合：戦略テーマ、サブテーマ、プロジェクト、チーム別に複数の投票を行うと、より詳細な評価ができます。
- 無記名投票に向き合うには勇気が必要です。投票でまったく思いがけない結果が出るかもしれません。

紙ベースとオンラインベースの評価の違い

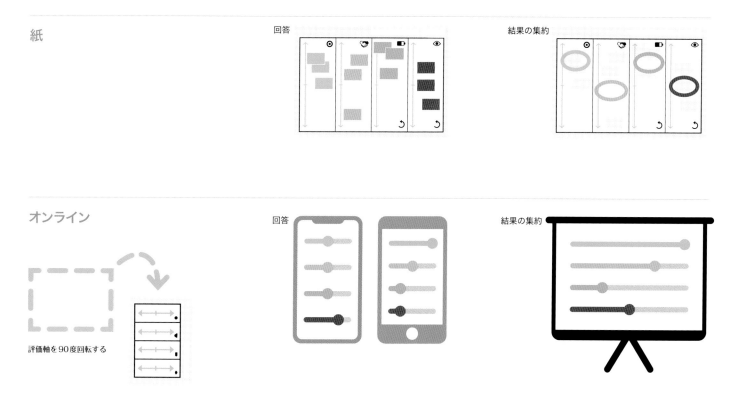

紙

回答

結果の集約

オンライン

評価軸を90度回転する

回答

結果の集約

ケーススタディー
保険グループ
従業員規模：7万1000人

戦略実行の 準備は万端？

保険グループの野心的な改革プログラムを率いるオリビエ。そのミッションは、オペレーション業務の自動化と集中化を通じたコスト削減です。改革プログラムは4つの戦略的な柱に分類され、それぞれの柱に複数のプロジェクトが存在します。予算は数千万ドル。CEOであるオリビエとプロジェクト実行委員会は、これほど劇的な改革を導入する準備がチームに整っていないかもしれないと懸念しています。プログラムの始動が迫る中、関係者300人の準備状況を評価することにしました。

果たして懸念した通りだったでしょうか？

1

あぶり出し

すべての欄でアライメント不足がかなり深刻であることがわかりました。最悪のパターンです。認識のずれの大きさに、経営上層部が驚きました。

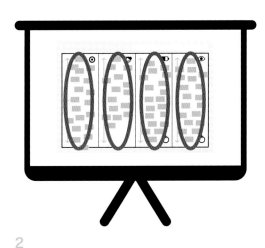

2
考察

議論を通じて分析したところ、プログラムの主要な部分を始める準備がまったくできておらず、それが票全体に影響していると判明しました。

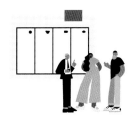

3
是正

プログラムの始動は無期限で延期しました。問題となっている部分についてのワークショップをいくつも同時並行的に実施し、主な難点が解消するまではプログラムを実行に移さないと決めました。
予算が手元に残り、多くのリソースが無駄に費やされなかったのは良いことです。

レベルアップのヒント

改革を成功させるには？

　改革に向けたプログラムの成功には、次の3つの条件が共通していることを発見しました。

✓ **良いスタート**：目標が明確で、主要な関係者の準備が整っている

✓ **好調の維持**：計画表の日程が押さえられ、アライメントが積極的に維持される

✓ **経営幹部のサポート**：経営上層部からの支持と協力がある

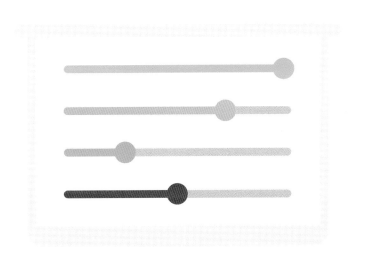

大人数での評価は、オンラインの
アンケート調査ツールを活用すると
簡単で手早くできます。

チーム・アライメント・マップを補完する4つのツール

信頼を構築し、心理的安全性を高めるには？

「人間関係における
予測には必ず、
信頼するという現象が
何らかの形で
結び付いている」
ポール・ワツラウィック（心理学者）

質問はないですね？
ではよろしく。

第３章のポイント

心理的安全性と**信頼関係**を強化し、
より安心できるチーム環境を作るための
４つの拡張ツールを知る。

チーム内の信頼関係と心理的安全性：
チーム・アライメント・マップを支える原動力

　有能な人材さえ集まれば、互いに不信感を抱いていても、複雑な問題の解決やイノベーションをチームぐるみで達成できるでしょうか。答えは「ノー」です。信頼関係はアライメントの前提条件です。

　恥をかく恐れなどから自分の身を守ろうとしてメンバーが沈黙すると、共同での学習行動が成り立ちません。するとチームの成果は下がり、共同でのイノベーションが不可能になります。チームでイノベーションを起こすには、メンバーが軽蔑や報復を恐れず、オープンかつ率直に声を上げて構わないのだと感じられることが必要です。このような状態を、心理的安全性の高いチーム環境と呼びます。

　心理的安全性とは、簡単に言うと信頼の一種です。「対人的なリスクを冒しても心配のないチームだと信じられること。アイデア、疑問、懸念、過ちを口に出しても罰せられたり、恥をかいたりしないと信じられること」を意味します。ハーバード・ビジネス・スクールでリーダーシップ・経営学を教えるエイミー・C・エドモンドソンが20年余り前に「業務チームにおける心理的安全性と学習行動」という論文でこう定義し、大きな反響を呼びました。

　エイミー・C・エドモンドソンの研究については、p.278「4.2 信頼と心理的安全性」で説明されています。

3.1
チーム・コントラクト

共同作業の仕方、全員が踏まえるべき原則、
順守すべき行動指針を定める

3.2
ファクト・ファインダー

的確な質問でチームの意思疎通を改善し、プロフェッショナルな
態度で事実を探り当てて認識のずれを減らす

3.3
リスペクト・カード

基本的な礼節のルールを実践し、他者への配慮を示す

3.4
ノンバイオレント・リクエスト・ガイド

対立の芽を摘み、意見の違いに建設的に対応する

3.1
チーム・コントラクト

共同作業の仕方、全員が踏まえるべき原則、順守すべき行動指針を定める

ルール、決めた方が良くない？

いつも遅刻してくるメンバー

対案もなく
他人の批判ばかりするメンバー

口に出さない反感や
いら立ちが積み重なると、
不要な対立に
発展しかねません。

チーム・コントラクトは、共同作業のルール
を定めるのに役立ちます。

チーム・コントラクト

チームとして守りたいルールや行動指針は何か？

　チーム・コントラクトはシンプルな1枚の用紙で、チームの行動指針やルールを一般的に、または特定の期間だけ定めるために使います。次の取り組みを通じて心理的安全性が高まり、対立の起きる可能性が低下します。

- 適切な行動と不適切な行動についての理解を一致させ、チームの価値観を明確に示す
- 協調的な環境の文化的基盤を形成する
- ルールが守られなかった場合に妥当な処分を下せるようにする
- チーム内で不公平感や不当な扱いへの不満が生じるのを防ぐ

　チーム・コントラクトのテンプレートには、話し合いを始めるための2つの問いが書かれています。これを手掛かりに、各自が受け入れられることをIn、受け入れられないことをOutとして配置していきます。

1. チームとして守りたいルールや行動指針は何か？
2. 個人としてどのような形でともに働くことを好むか？

　行動や価値観だけでなく、意思決定のルール、調整やコミュニケーションの方法、失敗した時に想定されることなどのトピックを含められます。期待される行動をあらかじめ明確にするという作業に少しの時間を費やすだけで、大きな見返りを得られます。

チーム・コントラクトが役立つ場面

価値観をはっきりさせる：理念、原則、共通の信念を、具体的な行動指針として共有する

ルールを設定する：公正なプロセスの適用により、何が期待されるかを明示する

対立を最小限にする：不要な対立を避け、ルール違反への対応基準を定める

→

もっと詳しく
チーム・コントラクトの
学問的な背景を知るには

- 相互理解と共通基盤（心理言語学）
  p.270
- 人間関係のタイプ（進化人類学）
  p.286
- 信頼と心理的安全性（心理学）
  p.278

チーム・コントラクト チームとして守りたいルールや行動指針は何か？ チーム名：
個人としてどのような形でともに働くことを好むか？

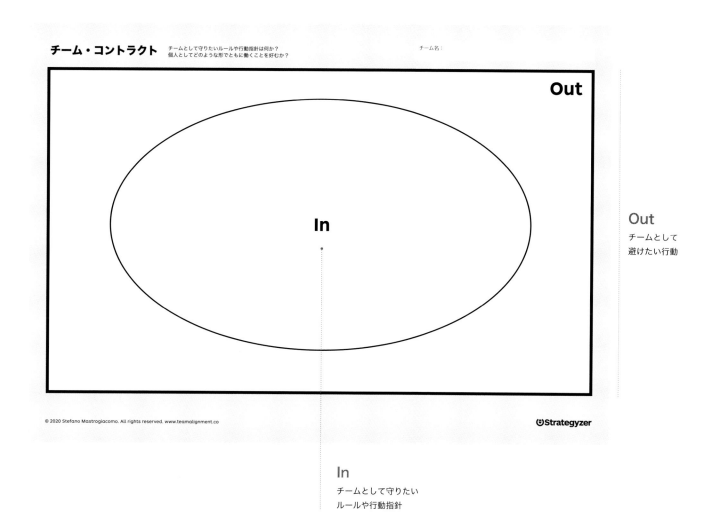

Out

In

⊕Strategyzer

Out
チームとして
避けたい行動

In
チームとして守りたい
ルールや行動指針

チーム・コントラクト InとOutには（一般的に）何が入る？

　チームによって、チーム・コントラクトの内容は異なります。設定されている問いを使って次のトピックをカバーする際、多様な答えが出てくることを想定しましょう。

- 態度・行動
- 意思決定（優先事項の管理、ガバナンス、責任）
- コミュニケーション（特にミーティング運営）
- 共通するツールや方法の使用
- 意見の違いや対立への対応
- 他のチームや部署との付き合い　など

　成功した場合の見返りや、ルールに違反した場合の処分も盛り込めます。

チーム・コントラクト

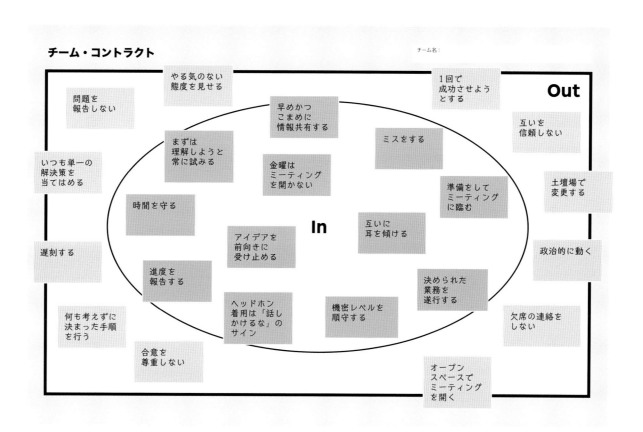

Out

In

- 問題を報告しない
- やる気のない態度を見せる
- 早めかつこまめに情報共有する
- まずは理解しようと常に試みる
- ミスをする
- 1回で成功させようとする
- 互いを信頼しない
- いつも単一の解決策を当てはめる
- 金曜はミーティングを開かない
- 準備をしてミーティングに臨む
- 時間を守る
- 土壇場で変更する
- アイデアを前向きに受け止める
- 互いに耳を傾ける
- 遅刻する
- 政治的に動く
- 進度を報告する
- 決められた業務を遂行する
- 何も考えずに決まった手順を行う
- ヘッドホン着用は「話しかけるな」のサイン
- 機密レベルを順守する
- 欠席の連絡をしない
- 合意を尊重しない
- オープンスペースでミーティングを開く

定められた慣行の軽重の度合い

チーム・コントラクトは、チーム内の慣行を定める手軽なツールで、倫理的な拘束力はあっても、法的な拘束力は生じません。ただ、より正式で、法的拘束力のある取り決めへと発展させていくことも可能です。

Out

In

軽い
(倫理的な拘束力)

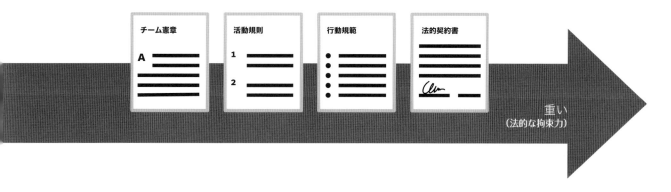

チーム憲章

A ━━━
━━━━
━━━━
━━━━

活動規則

1 ━━━

2 ━━━

行動規範

● ━━━
● ━━━
● ━━━
● ━━━

法的契約書

━━━━
━━━━
━━━━
━━━━
Clan ━

重い
（法的な拘束力）

上記の文書は、さまざまな状況における関係者間の取り決めを正式に定めるものです。
慣行とは、繰り返し起こる状況で繰り返し期待される行動を意味します。

実際に使ってみよう

手順

　チームの場合はメンバー、プロジェクトの場合は主な関係者を全員集めます。チーム・コントラクトのテンプレートを壁に貼り、次の手順を行います。

1. 対象の定義：プロジェクトと期間を説明する。
2. 準備：InとOutに関する2つの問いに対して、参加者それぞれに答えを考えてもらう（5分間）。
3. 共有：参加者1人につき3分間で答えを発表してもらい、答えを用紙に書き込む。
4. まとめ：全体で意見を話し合って調整し、すべての内容をまとめる（約20分間）。
5. 確認：チーム・コントラクトについて全体の合意が形成されたら、ミーティングを終える。

時期

　次の図解の通り、チーム・アライメント・マップ（TAM）は全員のアライメントを定期的に整えるのに役立ち、業務の進行に伴う変化を反映するために頻繁なアップデートを必要とするのが常です。一方でチーム・コントラクトは、共同作業の最初から最後まで適用される合意の取り決めに使えます。チーム・コントラクト作成の一般的なタイミングとしては、プロジェクト開始時や、新チームの発足時、既存チームへの新メンバー加入時のほか、根本的な変化によって業務の進め方を見直す必要が生じた時が挙げられます。

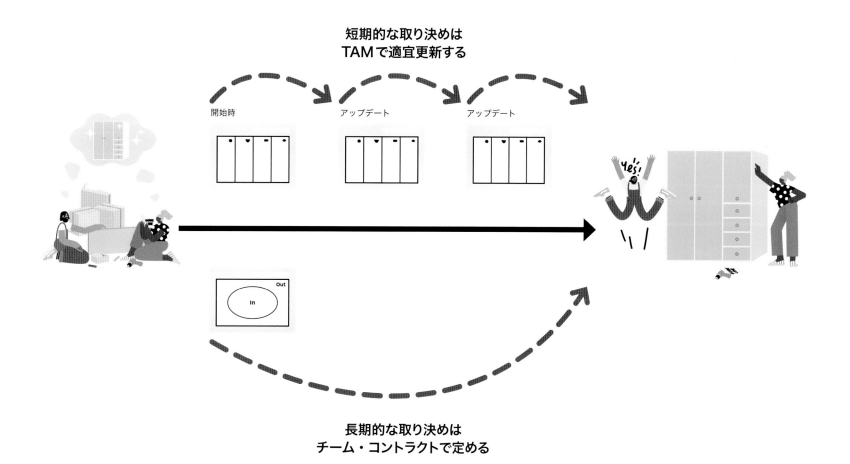

短期的な取り決めは
TAMで適宜更新する

開始時　　　アップデート　　アップデート

長期的な取り決めは
チーム・コントラクトで定める

チーム・アライメント・マップ（TAM）との相乗効果

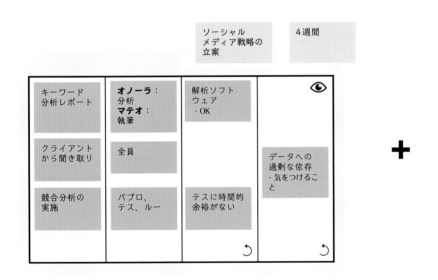

+

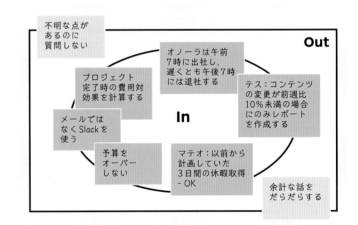

=

チームのアライメント改善 ＋ 心理的安全性の向上

ルールが守られない場合

チーム・コントラクト違反

　チーム・コントラクト違反が起きたら、不適切な行動に対処しなければなりません。問題に向き合うのを避ければ、ルールを順守するメンバーから反発を買い、チーム全体の業務進行や人間関係に影響する可能性があります。経験則からすると、次の３つのステップによって、（時に難しい）会話の不快感を軽減できます。

1. 事実に基づいて問題を説明し、チーム・コントラクトと照らし合わせる
2. あらゆる意見に注意深く耳を傾ける
3. すべての関係者とともに適切な解決策を見つける

　チーム・コントラクトであらかじめ行動が規定されていると、とても解決しやすくなります。チーム・コントラクトが参照すべき基準を提供し、問題を学びの機会に変えていくための正当な基盤となります。

重大な違反に対する処分

　チームや組織全体をリスクにさらす行動があれば、ルール違反者を排除することが最も効果的な対応かもしれません。エイミー・C・エドモンドソンは「潜在的な危険性、有害性、ずさんさを伴う行動に対する公正かつ賢明な対応によって、心理的安全性は損なわれるどころか、むしろ補強される」（Edmondson 2018）と指摘しています。

あらかじめ明示しておけば、問題行動を学びの機会に変えやすくなる

ルールがはっきりと明示されれば、公正に行動するチャンスが全員に与えられる。不適切な行動への対処も正当化される。

明示されたルールがなければ、ずるい行動をした人への対処で不公平感が生じ、仕返しに発展する恐れがある。

チーム・コントラクト違反の予防策

　違反が起きた場合の対応をチーム・コントラクトの中で明示することには、良い面も悪い面もあります。

良い面：透明性が高まり、違反が起きた場合に何が起きるかを誰もが把握できます。

悪い面：処分の明示はネガティブな印象を与えるかもしれず、信頼感が低下し、最初から協力関係を損なう可能性があります。心理学では「婚前契約のパラドックス」（Fiske & Tetlock 1997; Pinker 2007）と呼ばれる現象で、婚約中のカップルは、結婚した後に離婚する可能性を考えたがりません。多くのカップルが婚前契約を避けるのももっともです。罰を話し合うことで、罰が必要とされる現実味が増し、2人の間の雰囲気が悪くなってしまうからです。

推奨：より穏便なのは、手続きを定めておく方法です。例えば「ルール違反が起きたら、チームで集まり、ケース・バイ・ケースで対応する」と決めておきます。

検索ワード：難しい会話、対立解消のテクニック、懲戒処分

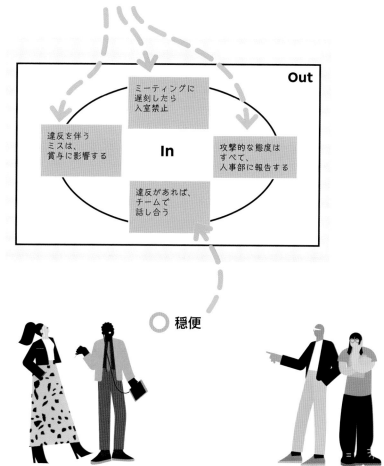

✖ 反感を買いやすい

Out

ミーティングに
遅刻したら
入室禁止

In

違反を伴う
ミスは、
賞与に影響する

攻撃的な態度は
すべて、
人事部に報告する

違反があれば、
チームで
話し合う

⭕ 穏便

チーム・コントラクトで失敗を適切に位置付ける

　例えば、イノベーションのための研究所と、空港のセキュリティチームでは、失敗に対するアプローチが当然異なります。エイミー・C・エドモンドソン（Edmondson 2018）は、次のような3つの状況の違いに応じて失敗を位置付けるよう提唱しています。

1. 大量の反復作業
2. 複雑なオペレーション
3. イノベーション・研究

　失敗への対処で必要なことは、状況ごとに異なります。具体例は次の表を参照してください。

	大量の反復作業	複雑なオペレーション	イノベーション・研究
状況	● 組み立て工場 ● ファストフード店 ● 物流　など	● 病院 ● 金融機関 ● 公共サービス　など	● 映画製作 ● 新エネルギー源の開発 ● 新製品の設計　など
失敗に対する 建設的な態度	**予防可能な失敗を最小限にする** スキル不足、集中力の低下、問題行動を原因とする失敗	**複雑な失敗を分析し、修正する** 不測の事態、入り組んだシステムの不具合などを原因とする失敗	**知的な取り組みでの失敗を称える** 不確定要素、実験、リスクを負った試みを原因とする失敗
期待されることの例	新人全員に トレーニングを 行う 不良品の 納入の許容限度は 1日に1つ	リスク評価会議を 毎週行う システムの不具合 時に司令塔と 作業部会を 立ち上げる	失敗を称える パーティーや 賞の授与を 毎月行う 失敗した取り組み の設計を 1つずつ見直す

出典：Edmondson（2018）

3.2
ファクト・ファインダー

的確な質問でチームの意思疎通を改善し、プロフェッショナルな態度で
事実を探り当てて認識のずれを減らす

他のメンバーの意見や、
そう考える理由を理解するのは、
時に難しいものです。

ファクト・ファインダーを使えば、会話が通じやすくなります。

ファクト・ファインダーで話を明確化する

ファクト・ファインダーは、会話をはっきりさせるための質問を提示します。これらの質問によって、考えを整理し、わかりやすく説明し直すチャンスが話し手に与えられます。

→
もっと詳しく
ファクト・ファインダーの学問的な背景を知るには
● 相互理解と共通基盤（心理言語学）p.270
● 信頼と心理的安全性（心理学）p.278

「具体的な事実に基づく対話は、臆測に基づく対話より良い」。ファクト・ファインダーは、こうした当たり前の原則を土台としています。人は誰でも、情報を省いたり、ゆがめたりしがちなため、事実に基づく対話には訓練が必要です。情報の歪曲が起きるのは、次のような3段階の意味付けプロセスの結果です (Kourilsky 2014)。

1. 知覚：ある状況を知覚する（何らかの経験をする）
2. 解釈：その状況に解釈や意味を与える（仮説を立てる）
3. 評価：その状況について下した評価や判断、あるいは導き出したルールを、他者と共有する

この3段階を混同すると、次のようなコミュニケーションの罠にはまります。

1. 不完全な事実や経験：説明の中で重要な情報が欠ける
2. 一般化：特殊なケースを普遍的な現象として捉える

3. 臆測：事実や経験を勝手な想像で解釈する
4. 制約：制約や義務の思い込みで選択肢を狭める
5. 価値判断：物事、状況、人物に対して主観的な評価を下す

これらの罠は、心理学で言う第一次的現実と第二次的現実の違いを映し出しています。第一次的現実とは、人間の五感を通じて物理的に知覚できる現象を指します。第二次的現実とは、第一次的現実の個人的な解釈です（価値判断、仮説、臆測など）。

例えば、「お腹が空いた」（事実の伝達・第一次的現実）と言う代わりに、「食事時間がいつも遅い」（第二次的現実）と大声でわめいても、空腹だという事実は伝えられます。ただ、後者の話し方の場合、コミュニケーションに問題が生じ、対立、行き詰まり、八方塞がりを招きかねません (Kourilsky 2014)。口論が起きるのは、こうした事態に陥っている最も明らかな証拠です。

ファクト・ファインダーは、あいまいな第二次的現実の発言の裏に隠されている事実（第一次的現実）の解明を助け、対話の生産性と効率を上げます。

ファクト・ファインダーが役立つ場面

プロフェッショナルな態度で質問する：よくある言葉の罠を認識し、乗り越える

より良い情報と判断を導く：発言内容を明確化し、他者の発言と話し手自身の発言を区別する

余計な労力を省く：対話をより短く、効率的にする

＊各要素の詳細はp.226-227を参照

ファクト・ファインダー

臆測
勝手な想像での
解釈・仮説・予測

こう聞いたら　　こう尋ねる
「あの人は〜と考えています」　なぜそう認識しているのですか？
「あの人は〜と思っています」　どうしてわかるのですか？
「あの人は〜してくれません・〜すべきです」　どんな裏付けがありますか？
「あの人は〜を好みます」　何を根拠にそう考えるのですか？
「あなた方は・あの人たちは〜することになります」
「ビジネスとは・人生とは・愛とは〜です」

制約
制約や義務の思い込みで
選択肢を狭める

こう聞いたら　　こう尋ねる
「私は〜しなければなりません」　もしそれが起きたら、どうなりますか？
「私たちは〜すべきまです」　何が原因で無理なのですか？
「私は〜できません」
「私は〜しません」
「私たちは〜すべきではありません」

不完全な事実や経験
説明に正確さが欠ける

こう聞いたら　　　　**完全な事実**　　こう尋ねる
「〜と聞きました」　　　　　　　　　誰が？　　何を？
「〜と彼らが言っていました」　　　　いつ？　どこで？
「〜を彼女が見たそうです」　　　　　どのように？　どれくらい？
「私は〜と思います」　　　　　　　　もっと詳しく説明して
　　　　　　　　　　　　　　　　　頂けますか？
　　　　　　　　　　　　　　　　　それはどういう意味
　　　　　　　　　　　　　　　　　ですか？

一般化
特殊なケースを普遍的な
現象として捉える

第一次的現実
人間の五感を通じて物理的に
知覚できる現象

こう聞いたら　　こう尋ねる
「必ず」　必ず？
「決して」　決して？
「誰も〜でない」　誰も？
「誰もが〜だ」　誰もが？
「皆が」　皆が？
　　　　それは確かですか？

価値判断
物事・状況・人物に対する
主観的な評価

こう聞いたら　　こう尋ねる
「私は〜です」　なぜそう考えるのですか？
「人生とは〜です」　どこからそういう印象を受けましたか？
「〜は良い・悪いことです」　どういう意味で許せませんか？
「〜は大切です」　何が気掛かりなことがありますか？
「〜は簡単・難しいです」

第二次的現実
第一次的現実の受け止め方、
個人的な解釈

Strategyzer

コミュニケーションの
5つの罠

この経験を事実に
基づいて伝えるこ
とは可能です。

「私は昨日、地元の
ファストフード店で、
ハンバーガーを3つ
食べる人を見かけま
した」

1
そもそもの状況

アイバンが地元のファストフード
店で、ハンバーガーを3つ食べる
人を見かけました。

3
明確化のための質問

個人的な解釈（第二次的現実）の裏に隠れている事実
や経験（第一次的現実）の理解を助けるのが、明確化
のための質問です。あいまいなグレーの部分が、はっ
きりした事実（中央の白い部分）として浮かび上がり
ます。

2
コミュニケーションの罠

アイバンが経験を伝えようとする中で、
罠に陥る可能性もあります。

臆測
「私は昨日、それまで2週間何も
食べていなかった人を見かけました」

一般化
「人は皆、たくさん食べます」

完全な事実

不完全な事実・経験
「私は昨日、食事をしている人を
見かけました」

制約
「ハンバーガーを禁止すべきです」

価値判断
「ハンバーガーを3つ食べるのは
良くないことです」

実践編

ファクト・ファインダーは次の2段階で活用します。

1. 聞く：「臆測、制約、一般化、価値判断、不完全な事実が耳に入ってきているのではないか？」と、罠を見極める
2. 尋ねる：明確化のための質問を使って、会話を中央部分（完全な事実・経験）に戻す

　明確化のための質問は中立的で、いかなる形の価値判断も含みません。オープンエンドな質問でもあり、答えの選択肢が「はい」または「いいえ」だけに限られたりしません。

不完全な事実・経験を明確にする

事実の特定に役立つ質問

こう聞いたら
「〜と聞きました」
「〜と彼らが言っていました」
「〜を彼女が見たそうです」
「私は〜と思います」

こう尋ねる
誰が？　何を？
いつ？　どこで？
どのように？　どれくらい？
もっと詳しく説明して頂けますか？
それはどういう意味ですか？

時間がまだ必要だとデザイナーに言われました。

もっと詳しく説明して頂けますか？

臆測を明確にする

因果関係の整理に役立つ質問

こう聞いたら
「あの人は〜と考えています」
「あの人は〜と思っています」
「あの人は〜してくれません・〜すべきです」
「あの人は〜を好みます」
「あなた方は・あの人たちは〜することになります」
「ビジネスとは・人生とは・愛とは〜です」

こう尋ねる
なぜそう認識しているのですか？
どうしてわかるのですか？
どんな裏付けがありますか？
何を根拠にそう考えるのですか？

原材料の到着が2日後なら、プロジェクト全体の進行が2カ月遅れると思います。

2日がどうして2カ月の遅れになるのですか？

制約を明確にする

思い込みの理由や結果を浮き彫りにする質問

こう聞いたら
「私は〜しなければなりません」
「私たちは〜すべきです」
「私は〜できません」
「私は〜しません」
「私たちは〜
すべきではありません」

こう尋ねる
もしそれが起きたら、
どうなりますか？
何が原因で無理なのですか？

一般化を明確にする

反例を導き出す質問

こう聞いたら
「必ず」
「決して」
「誰も〜でない」
「誰もが〜だ」
「皆が」

こう尋ねる
必ず？
決して？
誰も？
誰もが？
皆が？
それは確かですか？

価値判断を明確にする

価値判断の基準をあぶり出す質問

こう聞いたら
「私は〜です」
「人生とは〜です」
「〜は良い・悪いことです」
「〜は大切です」
「〜は簡単・難しいです」

こう尋ねる
なぜそう考えるのですか？
どこからそういう印象を受けましたか？
どういう意味で許せませんか？
何か気掛かりなことがありますか？

ここではそのように
やったことがなくて
慣れていないので、
私にはできません。

もしやってみた
ら、どうなりま
すか？

リスクが高く、
誰もが意欲を
失っています。

誰もが？

まずみんなで私
の目標を達成す
るのが大切です。

なぜそう考えるの
ですか？

まとめ

コミュニケーションの罠
明確化のための質問を通して……

不完全な事実・経験

説明に正確さが欠ける
……事実を特定しましょう。

臆測

勝手な想像での解釈・仮説・予測
……因果関係を整理しましょう。

制約

制約や義務の思い込みで選択肢を狭める
……思い込みの理由や結果を特定しましょう。

一般化

特殊なケースを普遍的な現象として捉える
……反例を導き出しましょう。

価値判断

物事・状況・人物に対する主観的な評価
……価値判断の基準をあぶり出しましょう。

+

ファクト・ファインダーの起源

ファクト・ファインダーはもともと、神経言語プログラミング（NLP）に端を発しています。NLPはセラピー（心理療法）に使われるコミュニケーション方法の1つで、ジョン・グリンダーとリチャード・バンドラーによって体系化されました。「メタモデル」と呼ばれるこのアプローチは実践が難しいため、コーチングで知られるアラン・カイロールが「ランゲージ・コンパス」として使いやすくアレンジしました。やがてフランスの心理学者、フランソワーズ・クリルスキーがランゲージ・コンパスの改良と拡張を行い、そこからファクト・ファインダーの設計アイデアが生まれました。

検索ワード：NLP、メタモデル、パワフルクエスチョン、明確な質問

ファクト・ファインダー

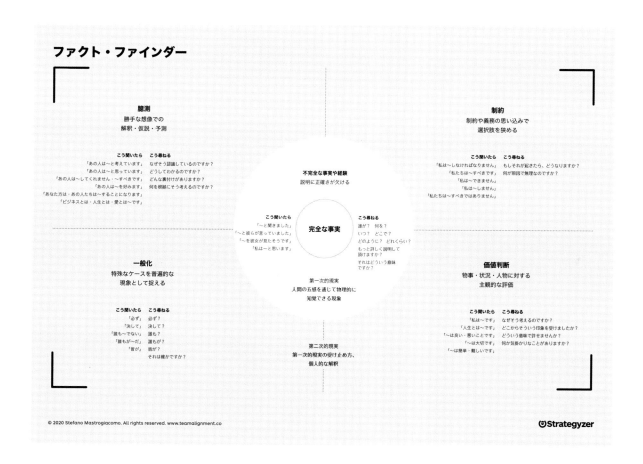

臆測
勝手な想像での
解釈・仮説・予測

こう聞いたら　**こう尋ねる**
「あの人は〜と考えています」　なぜそう認識しているのですか？
「あの人は〜と思っています」　どうしてわかるのですか？
「あの人は〜してくれません・〜すべきです」　どんな裏付けがありますか？
「あの人は〜が好みます」　何を根拠にそう考えるのですか？
「あなた方は・あの人たちは〜することになります」
「ビジネスとは・人生とは・愛とは〜です」

制約
制約や義務の思い込みで
選択肢を狭める

こう聞いたら　**こう尋ねる**
「私は〜しなければなりません」　もしそれが起きたら、どうなりますか？
「私たちは〜すべきです」　何が原因で無理なのですか？
「私は〜できません」
「私は〜しません」
「私たちは〜すべきではありません」

不完全な事実や経験
説明に正確さが欠ける

こう聞いたら
「〜と聞きました」
「〜と彼らが言っていました」
「〜を彼女が見たそうです」
「私は〜と思います」

完全な事実

こう尋ねる
誰が？　何を？
いつ？　どこで？
どのように？　どれくらい？
もっと詳しく説明して
頂けますか？
それはどういう意味
ですか？

一般化
特殊なケースを普遍的な
現象として捉える

こう聞いたら　**こう尋ねる**
「必ず」　必ず？
「決して」　決して？
「誰も〜でない」　誰も？
「誰もが〜だ」　誰もが？
「皆が」　皆が？
　　　　　それは確かですか？

第一次的現実
人間の五感を通じて物理的に
知覚できる現象

第二次的現実
第一次的現実の受け止め方、
個人的な解釈

価値判断
物事・状況・人物に対する
主観的な評価

こう聞いたら　**こう尋ねる**
「私は〜です」　なぜそう考えるのですか？
「人生とは〜です」　どこからそういう印象を受けましたか？
「〜は良い・悪いことです」　どういう意味で許せませんか？
「〜は大切です」　何か気掛かりなことがありますか？
「〜は簡単・難しいです」

Strategyzer

レベルアップのヒント

明確化のための質問を調整する

ロボットみたいな印象を与えないよう、文脈や状況に合わせて質問文を調整しましょう。ファクト・ファインダーには、会話の成り行きが不自然になるかもしれない質問が含まれています。

✕

質問文をそのまま繰り返す

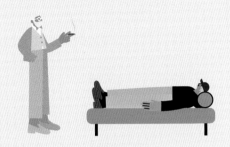

○

文脈や状況に合わせる

弁解に無駄な労力を使わない

弁解にはストップをかけ、明確化のための質問を使いましょう。長たらしく、明らかに説得力のない弁解が出てきたら、ファクト・ファインダーを活用すべきだという合図です。全員の労力と時間が省けます。

✕

弁解にエネルギーを浪費する

○

明確化のための質問を使う

聞き取りの際、クローズドエンド型の質問はしない

ファクト・ファインダーには、オープンエンド型の質問しかありません。「はい」や「いいえ」だけで回答できる質問がないため、話し手自身が考えを深められます。

×

答えの選択肢を限定し、
聞き取りを進めづらくする

〇

オープンエンド型の質問で、
話し手の思考に近づく

ファクト・ファインダーの限界

ファクト・ファインダーを使いすぎると、「図々しい」「イライラする」といった反応が出てきてしまいます。主に活用すべき場面は、話の筋道がわからなくなった時や、話し手の論理を追えなくなった時です。

×

ファクト・ファインダーを使い
すぎて迷惑がられる

〇

メッセージを明確にしたい場面を中心に
ファクト・ファインダーを使う

3.3
リスペクト・カード

基本的な礼節のルールを実践し、他者への配慮を示す

そんなことない、ちゃんと聞いてるって。

対人スキルに欠けると、
共同作業のペースが鈍り、
困難が増します。

リスペクト・カードで他者への配慮を示し、
敬意が失われない環境を維持しましょう。

リスペクト・カード

リスペクト・カードは、他者を重んじ、敬意を表すためのヒントになります。ミーティングを準備する際や、次のような相手に向けて文章を書く際に役立ちます。

- あまりよく知らない相手
- 初対面の人、付き合いの薄い人、新人、上司など、どう付き合うべきか自信が持てない相手
- 文化的な背景が異なる相手

ここに挙げるヒントは、他者のアイデンティティーと感情を思いやる能力が私たちにあることを示し、心理的安全性と協調性の高いチーム作りに寄与します。

リスペクト・カードには、2つのチェックリストが付いています。

1. 相手を認め、思いやる気持ちを表すためのヒント（右側）
2. 相手に何かを要求したり、感情を害したりする可能性を最小化し、敬意を表明するためのヒント（左側）

リスペクト・カードは、「フェイス（面目）」の概念と「ポライトネス」の理論をもとに作られています。

ヒントはいずれも、他者に公の場で面目を失わせないようにすることを目的としています。中心となるのは言葉遣いで、振る舞いやマナーは「途中で口をはさまない」や「誰かが話している時は耳を傾ける」など、いくつかに限られています。

リスペクト・カードが役立つ場面

敬意を持ってメッセージを伝える：敬意を表しつつ、現状に疑問を投げかける

他者を重んじる：思いやりと感謝を表明する

うかつな非礼を避ける：よく知らない人との付き合いや上下関係に対処する

→

もっと詳しく
リスペクト・カードの学問的な背景を知るには
- 「フェイス」と「ポライトネス」（心理言語学）　p.294
- 信頼と心理的安全性（心理学）p.278

＊各要素の拡大版はp.240とp.243に掲載

リスペクト・カード 円滑なコミュニケーションのヒント

「立ち入られたくない」という欲求
敬意を表す

命令せずに問いかける
「〜して頂けますか？」

疑問として伝える
「〜するつもりではないですよね？」

要求を言い切らない
「もし可能であれば、〜してください」

手間を取らせることを認める
「ご多忙とは存じますが」

気が進まないことを示す
「普段はこんなことをお願いしませんが」

詫びる
「お手数をかけて申し訳ありませんが」

借りを作ることを認める
「〜して頂けると、ありがたく存じます」

遠回しに伝える
「ペンを探しているのですが…」

許可を求める
「申し訳ないですが、ペンをお借りできますか？」

頼みを最小限にする
「そのペンを使っても構わないか教えてください」

責任を負う主体を複数にする
「航空チケットを昨日までに買う必要があったことを、
私たちからあなたに伝えそびれていました」

ためらいを入れる
「あの、ええと、〜しても構わないでしょうか」

人に言及しない
「喫煙は許可されていません」

リスクのある行為
直接的な命令
途中で割って入る
警告する
禁止する
脅す
提言する
催促する
忠告する

「認められたい」という欲求
認識を示す

感謝する
「誠にありがとうございます」

健勝を祈る
「良い1日をお過ごしください」

相手の状況を尋ねる
「調子はどうですか？」「いかがお過ごしですか？」

ちょっとした褒め言葉をかける
「素敵なセーターですね」

予測する
「お腹が空いたことでしょう」

アドバイスする
「どうか気をつけて」

同意を求める
「ですよね？」

相手を思いやる
「お腹が空いたことでしょう。朝食からずいぶん時間が
経ってしまったので、昼食にしませんか？」

意見の対立を避ける
A「お口に合いませんか？」
B「いえ、そんなことはありません。何と言うか、
　食べつけないだけで、味は良いです」

意見を言い切らない
「もう少しだけ頑張ってみては？」

リスクのある行為
恥をかかせる
意見を否定する
無視する
公然と批判する
軽蔑する、からかう
自分のことばかり話す
タブーな話題に触れる
侮辱、言いがかり、苦情

Strategyzer

敬意
人間関係の距離を保つ言葉を使って、
非礼を避け、敬意を表明します。

認識
人間関係の距離を縮める言葉を使って、
相手の存在や行動を認めます。

リスペクト・カード　円滑なコミュニケーションのヒント

 「立ち入られたくない」という欲求
敬意を表す

命令せずに問いかける
「〜して頂けますか？」

疑問として伝える
「〜するつもりではないですよね？」

要求を言い切らない
「もし可能であれば、〜してください」

手間を取らせることを認める
「ご多忙とは存じますが」

気が進まないことを示す
「普段はこんなことをお願いしませんが」

詫びる
「お手数をかけて申し訳ありませんが」

借りを作ることを認める
「〜して頂けると、ありがたく存じます」

遠回しに伝える
「ペンを探しているのですが…」

許可を求める
「申し訳ないですが、ペンをお借りできますか？」

頼みを最小限にする
「そのペンを使っても構わないか教えてください」

責任を負う主体を複数にする
「航空チケットを昨日までに買う必要があったことを、
私たちからあなたに伝えそびれていました」

ためらいを入れる
「あの、ええと、〜しても構わないでしょうか」

人に言及しない
「喫煙は許可されていません」

リスクのある行為
直接的な命令
途中で割って入る
警告する
禁止する
脅す
提言する
催促する
忠告する

敬意を示すには？

○
面目が保たれる

間接的なリクエストなら、目標を２つ除外す
るという要求があまり図々しく聞こえません。

✕
面目が失われる

直接的なリクエストなら、命令と受け止められ
れ、チーム内で反発を買うかもしれません。

相手を認めるには？

〇
面目が保たれる

労をねぎらう気持ちとともに、リクエストが
伝わります。

×
面目が失われる

リクエストが批判や価値判断として伝わって
しまいます。

「認められたい」という欲求
認識を示す

感謝する
「誠にありがとうございます」

健勝を祈る
「良い１日をお過ごしください」

相手の状況を尋ねる
「調子はどうですか？」「いかがお過ごしですか？」

ちょっとした褒め言葉をかける
「素敵なセーターですね」

予測する
「お腹が空いたことでしょう」

アドバイスする
「どうか気をつけて」

同意を求める
「ですよね？」

相手を思いやる
「お腹が空いたことでしょう。朝食からずいぶん時間が
経ってしまったので、昼食にしませんか？」

意見の対立を避ける
Ａ「お口に合いませんか？」
Ｂ「いえ、そんなことはありません。何と言うか、
食べつけないだけで、味は良いです」

意見を言い切らない
「もう少しだけ頑張ってみては？」

リスクのある行為
恥をかかせる
意見を否定する
無視する
公然と批判する
軽蔑する、からかう
自分のことばかり話す
タブーな話題に触れる
侮辱、言いがかり、苦情

活用法

口頭・書面でのコミュニケーションの準備に、
リスペクト・カードを使いましょう。

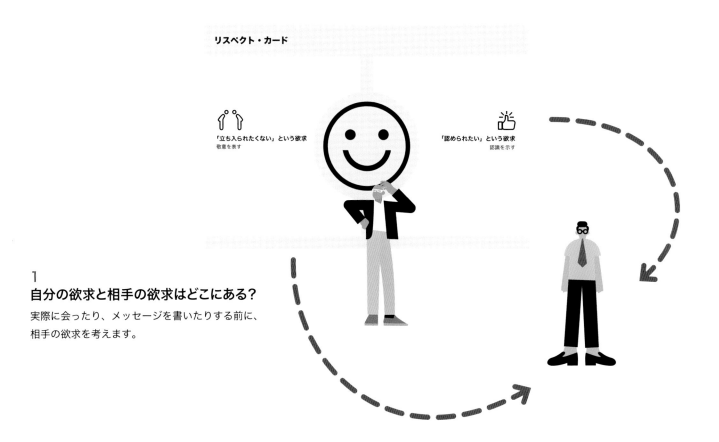

リスペクト・カード

「立ち入られたくない」という欲求
敬意を表す

「認められたい」という欲求
認識を示す

1
自分の欲求と相手の欲求はどこにある?

実際に会ったり、メッセージを書いたりする前に、
相手の欲求を考えます。

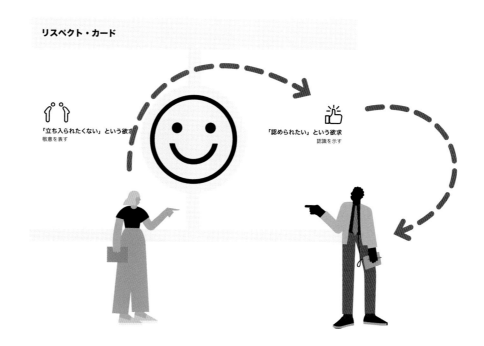

リスペクト・カード

「立ち入られたくない」という欲求
敬意を表す

「認められたい」という欲求
認識を示す

2
人と話したり、何かを書いたりする前に、
2つのチェックリストを参照

書かれているテクニックからアイデアを得て、
最も適切な表現を選んで使います。

レベルアップの
ヒント

**礼儀正しいと受け止められるかどうかは、
状況、文脈、文化による**

思いやりを表現するには、状況を見極める必要があります。例えば「わざわざどうも」の一言は、お礼にも、嫌みにもなります。

お礼

わざわざどうも。

嫌み

わざわざどうも。

デリケートな話題は本人だけに

あなた自身や相手が決まりの悪い思いをする場合、個別に話し合うのが好ましく、そうすることで全員にメリットがあります。他の人の前で恥をかかせてしまうと、反発を生み、仕返しにつながります。

個別の話し合いで

そんなこと聞いてません！

全体の話し合いで

そんなこと聞いてません！

リスペクト・カードは万能ではない

非常事態には直接的な指示が必要です。緊急対応を主導する場合、丁寧な言葉遣いは率直さに欠け、非効率的です。

直接的なリクエスト

消火器を持ってきて！

間接的なリクエスト

お手数をおかけしますが、もし可能なら、消火器をこちらに渡して頂けないでしょうか。

慇懃無礼：過ぎたるは及ばざるがごとし

慇懃無礼も、単なる無礼と同じく、ネガティブに受け止められる不適切な行為です（Locher & Watts 2008）。

無礼

これはひどい出来です。

慇懃無礼

あなた様からほんの少しばかりお力添え頂くという光栄に与ることをお許しくださらないでしょうか。

3.4
ノンバイオレント・
リクエスト・ガイド

対立の芽を摘み、意見の違いに建設的に対応する

意見の対立にうまく対処できないと、
人間関係が悪化し、
取り返しのつかない損失が
生まれてしまいます。

ノンバイオレント・リクエスト・ガイドで
建設的に摩擦を解消しましょう。

ノンバイオレント・リクエスト・ガイド

ノンバイオレント・リクエスト・ガイドは、不満を建設的に表現して伝えるために使います。このガイドは、米国の心理学者のマーシャル・B・ローゼンバーグが提唱した非暴力コミュニケーション（NVC）の原則を簡略化したものです。彼はこう記しています。「私たちが自分自身の欲求を、評価、解釈、イメージを使って間接的に表明すると、相手には批判と受け止められる可能性が高い。批判に聞こえてしまうと、相手は自己弁護や反撃にエネルギーを割くようになる」（Rosenberg 2003）

価値判断を抜きにしてリクエストできる仕組みがあれば、相手に個人攻撃だと勘違いされることなく、考え方の違いを明らかにできます。そうすることにより、共感を生む対話や、摩擦の解消へと道が開けます。

NVCは大きな効果をもたらす概念で、マイクロソフトが企業文化を変革し、製品をリニューアルするうえで重要な道具の1つとなりました。同社のサティア・ナデラCEOは就任から間もなく、ローゼンバーグの本を読むよう役員たちに勧めました（McCracken 2017）。

ノンバイオレント・リクエスト・ガイドが役立つ場面

意見の違いを建設的に表明する：相手を責めたり批判したりせずに意見を伝える
対立を解消する：「ウィン・ウィン」の状況を作る
人間関係を強化する：より安心感の持てるチーム環境を支える

→
もっと詳しく
ノンバイオレント・リクエスト・カードの学問的な背景を知るには
- 非暴力コミュニケーション（心理学）p.262
- 信頼と心理的安全性（心理学）p.278

＊用語のリストはp.262-263にも掲載

ノンバイオレント・リクエスト・ガイド

感情　あなたの欲求が満たされない時のネガティブな感情

恐怖
危惧する
不安な（感じ）
嫌な予感がある
恐れている
不信感のある
パニック
すくみ上がる
こわい
疑心暗鬼の
おびえた
警戒する
心配で

イライラ
むかつく
不愉快
不機嫌
しゃくにさわる
い立つ
欲求不満な
もどかしい
憤慨する
腹が立つ
不快感のある

怒り
怒っている
激怒している
怒り狂う
いきり立つ
憤怒とした
怒りに駆られる
恨み

反感
敵意のある
憎悪のある
悪意のある
恨みに思う
憤然とする
軽蔑した
嫌いな
大っ嫌いな
ぞっとする
鳥肌が立つ
嫌悪感
うんざりした

混乱した
どっちつかず
途方に暮れる
困惑する
呆然とする
ボーっとする
当惑する
ためらい
まごついた
こまった
悩まされる
板挟みになる

断絶
疎外感
打ち解けない
冷淡な
無感覚な
混乱な
冷たい
孤立した
離れた
気が散っている
無関心な
無感覚の
引っ込み思案の

動揺
たきつけられる
危機感
混乱した
どぎまぎした
かき乱された
不安
慌てた
落ち着かない
ショックを受ける
ぎょっとする
ギクッとする
ハッとする
ドキッとする
動揺した
不穏な
居心地が悪い
心配な
狼狽する
不安定な

恥ずかしい
肩身が狭い
悔しい
おろおろする
気がとがめる
屈辱的な
無念な
自意識が強い
打ちのめされる

疲労
燃え尽き感
へとへと
だるい
やる気がでない
眠い
疲れた
うんざり
飽き飽きした
くたくた

痛み
苦悩のある
打ちひしがれる
打ちのめされる
深く悲しむ
胸がつぶれる思い
傷ついた

悲しみ
落ち込んだ
意気消沈した
絶望感
しょげ返った
ふさぎこむ
やる気を失う
失望した
くじけた
がっかりした
心が暗い
心が重い
哀れな
憂鬱な
不幸な
惨めな

緊張している
心配している
気難しい
虫の居所が悪い
つらい
心がかき乱された
ぎりぎり
落ち着かない
神経をすり減らした
イライラした
びくびくした
ぴりぴりした
圧倒された／参った
神経質な
集中できない
ストレスにやられた

弱さ
もろい
身構える
無力感
不安な
疑い深い
過度がち
不安定な

あこがれ
うらやましい
ねたましい
切望する
感傷的な
懐かしい
身を焦がす
切ない

あなたが下記のようにする時

_____
（観察されたこと）

私は下記のように感じます。

_____
（感情）

私が求めるのは下記のことです。

_____
（欲求）

下記のようにして頂けませんか？

_____
（リクエスト内容）

欲求

つながり
受け入れられること
愛情
認めてもらうこと
所属・帰属意識
協力
コミュニケーション
気の置けなさ
コミュニティー
仲間
おもいやり
配慮／気遣い
一貫性
共感
共鳴・共振
仲間に入れてもらう
親密さ
愛
相互依存
共生
高めあうこと
尊敬
安心
安全
安定
支え／サポート
知ってもらう
見てもらう
理解してもらう
理解すること
信頼
あたたかさ

身体的幸福
空気
食べ物
活動／運動
休息／睡眠
性的表現
安全（生命の危機からの保護）
住まい
ふれあい
水

うそじゃないこと
真実味
誠実さ
そこに居る・在ること

遊び
喜び
ユーモア
楽しみ

平和
美
交流
気楽さ
平等
調和
インスピレーション／直感
秩序
整理整頓

意味
自覚
命の祝福
挑戦
明晰さ
頭を整理すること
能力
意識
貢献・寄与すること
創造性
発見
探求
効力感
役に立つこと
成長
希望
学び
恵み
参加
目的
自己表現
刺激
意義
理解

自主・自立
選択
自由
独立
空間・余裕
自発性

空欄を埋めるヒント

不満や欲求をより正確に
説明するための表現リスト

Ⓢ Strategyzer

リクエスト

非暴力的なリクエストを
準備するためのテンプレ

実践編

　非暴力的な意見表明は、連続した4つのパートによって構成されます（Rosenberg 2003）。

　ノンバイオレント・リクエスト・ガイドには、リクエスト表現のテンプレの一例と、感情や欲求をより正確に説明できるように非暴力コミュニケーションセンターが開発した用語リストを掲載しています。

非暴力的なリクエストの伝え方
1. あなたが［観察されたこと］をする時
2. 私は［感情］と感じます。
3. 私が求めるのは［欲求］です。
4. ［リクエスト内容］をして頂けませんか?

例
［あなたは私に決して『ありがとう』と言いませんね］

非暴力的な意見表明
1. あなたが［私以外のチーム全員に褒め言葉をかけること］をする時
2. 私は［がっかりした］と感じます。
3. 私が求めるのは［自分の仕事を認めてもらうこと］です。
4. ［私に何か問題があるのか説明］をして頂けませんか?

出典：Rosenberg（2003）

ノンバイオレント・リクエスト・ガイド

感情　あなたの欲求が満たされない時のネガティブな感情

恐怖
危惧する
不安な（感じ）
嫌な予感がある
恐れている
不信感のある
パニック
すくみ上がる
こわい
疑心暗鬼の
おびえた
警戒する
心配で

イライラ
むかつく
不愉快
不機嫌
しゃくにさわる
いら立つ
欲求不満な
もどかしい
憤慨する
腹が立つ
不快感のある

怒り
怒っている
激怒している
怒り狂う
いきり立つ
憤慨とした
怒りに駆られる
恨み

反感
嫌悪のある
憎悪のある
悪意のある
恨みに思う
愕然とした
軽蔑した
嫌いな
大っ嫌いな
ぞっとする
鳥肌が立つ
嫌悪感
うんざりした

混乱した
どっちつかず
途方に暮れる
困惑する
呆然とする
気がとがめる
当惑する
ためらい
まごついた
こまった
悩まされる
板挟みになる

断絶
疎外感
打ち解けない
冷淡な
無感動な
退屈な
冷たい
遠ざけた
離れた
気が散っている
無関心な
無感覚の
引っ込み思案の

動揺
たきつけられる
危機感
混乱した
どぎまぎした
かき乱された
不安
慌てた
落ち着かない
ショックを受ける
ぎょっとする
ギクッとする
ハッとする
動揺した
不穏な
居心地が悪い
心配な
狼狽する
不安定な

恥ずかしい
肩身が狭い
悔しい
おろおろする
気がとがめる
屈辱的な
無念な
自意識が強い
打ちのめされる

疲労
燃え尽き感
へとへと
だるい
やる気がでない
眠い
疲れた
うんざり
飽き飽きした
くたくた

痛み
苦悩のある
打ちひしがれる
打ちのめされる
深く悲しむ
胸がつぶれる思い
傷ついた
寂しい
惨めな
後悔した

悲しみ
落ち込んだ
意気消沈した
絶望感
しょげ返った
ふさぎこむ
やる気を失う
失望した
くじけた
がっかりした
心が暗い
心が重い
哀れな

憂鬱な
不幸な
惨めな

緊張している
心配している
気難しい
虫の居所が悪い
つらい
心がかき乱された
ぎりぎり
落ち着かない
神経をすり減らした
イライラした
びくびくした
びりびりした
神経質な
圧倒された／参った
集中できない
ストレスにやられた

弱さ
もろい
身構える
不安な
無力感
疑い深い
遠慮がち
不安定な

あこがれ
うらやましい
ねたましい
切望する
感傷的な
懐かしい
身を焦がす
切ない

あなたが下記のようにする時

_____
（観察されたこと）

私は下記のように感じます。

_____
（感情）

私が求めるのは下記のことです。

_____
（欲求）

下記のようにして頂けませんか？

_____
（リクエスト内容）

欲求

つながり
受け入れられること
愛情
認めてもらうこと
所属・帰属意識
協力
しゃくコミュニケーション
気の置けなさ
コミュニティー
仲間
おもいやり
配慮／気遣い

一貫性
共感
共感・共振
仲間に入れてもらう
親密さ
愛
相互依存
共生
高めあうこと
尊敬
安心
安全
安定
支え／サポート
知ってもらう
見てもらう
理解してもらう
理解すること
信頼
あたたかさ

身体的幸福
空気
食べ物
活動／運動
休息／睡眠
性的表現
安全（生命の危機からの保護）
住まい
ふれあい
水

うそじゃないこと
真実味
誠実さ
そこに居る・在ること

遊び
喜び
ユーモア
楽しみ

平和
美
交流
気楽さ
平等
調和
インスピレーション／直感
秩序
整理整頓

意味
自覚
命の祝福
挑戦
明晰さ
頭を整理すること
能力
意識
貢献・寄与すること
創造性
発見
探求
効力感
役に立つこと
成長
希望
学び
怜み
参加
目的
自己表現
刺激
意義
理解

自主・自立
選択
自由
独立
空間・余裕
自発性

Strategyzer

攻撃 vs
非暴力的なリクエスト

攻撃	あなたはいつも遅れる！ あなたを信用できない！	ここで働いているのは 私だけですか？	もういいですか？ 仕事がありますので。
状況	**期限を守らない**	**業務量が多すぎる**	**ミーティングに出席する**

- あなたが［土壇場になって未完成だと伝える］時
- 私は［激怒している］と感じます。
- 私が求めるのは［決めた期限の厳守］です。
- ［問題が起きた場合は早めに報告］して頂けませんか？

- あなたが［目標すべての責任を私に押し付ける］時
- 私は［参った（良いデザインには時間が必要なため）］と感じます。
- 私が求めるのは［仕事の質の維持］です。
- ［何を優先すべきかを説明］して頂けませんか？

- あなたが［すべてのチームミーティングへの参加を求める］時
- 私は［うんざり］と感じます。
- 私が求めるのは［効率（他にも5つのチームを統括しているため）］です。
- ［重要な変更がある時だけ招待］して頂けませんか？

自分でやればいいのに！

私のことなんか
どうでも構わないのですね！

それはあまりに
お役所的では……

脈絡がない

- あなたが［他のプロジェクトへの手助けを求める］時
- 私は［パニック（すでにたくさん仕事を抱えているため）］と感じます。
- 私が求めるのは［明確さ］です。
- ［全体像を説明］して頂けませんか？

モチベーション

- あなたが［突然のプロジェクト打ち切りを伝える］時
- 私は［悲しい］と感じます。
- 私が求めるのは［有意義な仕事をすること］です。
- ［打ち切りの判断の理由を説明］して頂けませんか？

ルール・手続き

- あなたが［時間のかかる手続きの順守を求める］時
- 私は［へとへと（時間がまったく足りないため）］と感じます。
- 私が求めるのは［無駄な労力を省くこと］です。
- ［手続きがなぜそこまで重要か説明］して頂けませんか？

レベルアップのヒント

第三者を巻き込むべきタイミングとは？

　対立が悪化した場合は、第三者の介入を求めるのが、前進に向けた最善の選択肢かもしれません。第三者は仲裁役になれます。中立的な外部の立場から、問題解決のより良い道筋の発見を助けてくれる可能性があります。

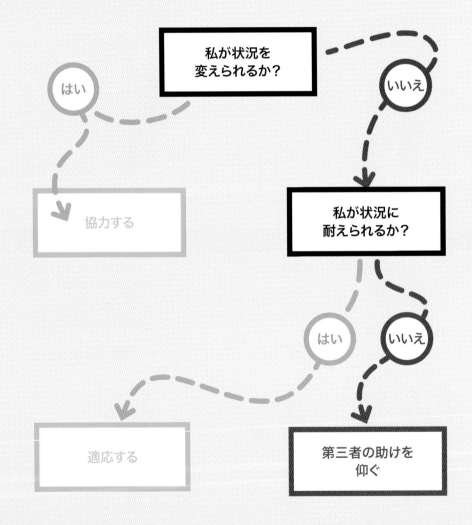

私が状況を
変えられるか？

はい　　いいえ

協力する

私が状況に
耐えられるか？

はい　　いいえ

適応する

第三者の助けを
仰ぐ

出典：Kahane（2017）

自己の内面との対話にも役立つNVC

　NVCを使うと、自分自身を責める思考が和らぎ、より良い言葉遣いと前向きな考え方が促されるため、内面との対話の質が高まります。

例
「入社時の給与交渉でひどく失敗した」

非暴力的な意見表明
1. 私が［チーム内で最も給与が低いと知る］時
2. 私は［いら立つ］と感じます。
3. 私が求めるのは［自分のスキルが認められ、平等に報われること］です。
4. 私は［きちんと根拠を挙げて昇給を交渉する準備に十分な時間を割きます］。

望まない付き合いに対処するためのNVC

　私たちは、自分が必ずしも望まなくても、人間関係を築く必要に迫られることがあります。目標の達成を邪魔されたり、性格がまったく合わなかったり、切れるものならすぐにでも切りたい関係。溜まったガス抜きをし、精神衛生を保つ最初の一歩として、NVCを活用できます。

ノンバイオレント・リクエスト・ガイドの起源

非暴力的な意思疎通の画期的アプローチ

　米国の心理学者のマーシャル・B・ローゼンバーグ（1934～2015）は、暴力の原因を探り、どうすれば暴力を減らせるかを研究しました。その結果、自らの不満を説明できる感情スキルに欠ける場合、非生産的な判断に陥りやすく、批判（NVCでは「評価」と呼びます）が他者からの攻撃と受け止められがちなことがわかりました。例えば「お前が嘘をついた」「責任感がない」という発言は攻撃と受け止められますが、本当に伝えたかったのは「この仕事を今日終わらせるという約束が果たされなくてがっかりした」という内容のはずです。

　ローゼンバーグは1960年代に、公立学校内での人間関係の円滑化とコミュニケーション改善を目的としてNVCを発展させ、実践してきました。彼が1984年に設立した非暴力コミュニケーションセンターは、国際的な平和を目指す団体として、世界60カ国余りでNVCのトレーニングやサポートを提供しています。NVCについてもっと深く学ぶには、非暴力コミュニケーションセンターのウェブサイト（www.cnvc.org）をご覧ください。

出典：©2006 Inbal Kashtan and Miki Kashtan, BayNVC, nvc@baynvc.org, www.baynvc.org
©2022 NVCジャパン・ネットワーク, http://nvc-japan.net/

欲求が満たされていないときに体験する、気持ち／感じ

恐怖
危惧する
不安な（感じ）
嫌な予感がある
恐れている
不信感のある
パニック
すくみ上がる
こわい
疑心暗鬼の
おびえた
警戒する
心配で

イライラ
むかつく
不愉快
不機嫌
しゃくにさわる
いら立つ
欲求不満な
もどかしい
憤慨する
腹が立つ
不快感のある

怒り
怒っている
激怒している
怒り狂う
いきり立つ
憤然とした
怒りに駆られる
恨み

反感
敵意のある
憎悪のある
悪意のある
恨みに思う
愕然とする
軽蔑した
嫌いな
大っ嫌いな
ぞっとする
鳥肌が立つ
嫌悪感
うんざりした

混乱した
どっちつかず
途方に暮れる
困惑する
呆然とする
ボーっとする
当惑する
ためらい
まごついた
こまった
悩まされる
板挟みになる

断絶
疎外感
打ち解けない
冷淡な
無感動な
退屈な
冷たい
孤立した
離れた
気が散っている
無関心な
無感覚の
引っ込み思案の

動揺
たきつけられる
危機感
混乱した
どぎまぎした
かき乱された
不安
慌てた
落ち着かない
ショックを受ける
ぎょっとする
ギクッとする
ハッとする
ドキッとする
動揺した
不穏な
居心地が悪い
心配な
狼狽する
不安定な

恥ずかしい
肩身が狭い
悔しい
おろおろする
気がとがめる
屈辱的な
無念な
自意識が強い
打ちのめされる

疲労
燃え尽き感
へとへと
だるい
やる気がでない
眠い
疲れた
うんざり
飽き飽きした
くたくた

痛み
苦悩のある
打ちひしがれる
打ちのめされる
深く悲しむ
胸がつぶれる思い
傷ついた
寂しい
惨めな
後悔した

悲しみ
落ち込んだ
意気消沈した
絶望感
しょげ返った
ふさぎこむ
やる気を失う
失望した
くじけた
がっかりした
心が暗い
心が重い
哀れな
憂鬱な
不幸な
惨めな

緊張している
心配している
気難しい
虫の居所が悪い
つらい
心がかき乱された
ぎりぎり
落ち着かない
神経をすり減らした
イライラした
びくびくした
ぴりぴりした
神経質な
圧倒された／参った
集中できない
ストレスにやられた

弱さ
もろい
身構える
無力感
不安な
疑い深い
遠慮がち
不安定な

あこがれ
うらやましい
ねたましい
切望する
感傷的な
懐かしい
身を焦がす
切ない

欲求が満たされているときに体験する、気持ち／感じ

愛情に満ちた
慈愛に溢れた
いとおしい
親しみのある
愛のある
心を開いた
思いやりのある
やさしい
あたたかさのある

幸福感
至福の
恍惚とした
大喜びする
夢中になる
喜びに満ちた
生命力に溢れた
キラキラした
どきどきした
ウキウキした
歓喜した

感謝している
ありがたい
おかげさまの
恩を感じる
感動している
心に触れた
感激の

自信
力がみなぎる
オープンな
開かれた
誇らしい
安心だ
大丈夫だ

熱中
没頭している
はまっている
意識が明晰な

感覚が研ぎ澄まされた
好奇心のある
夢中だ
魅了される
嬉々として
心惹かれる
興味をもっている
興味をそそられる
専心している
とりこになる
刺激される

興奮している
びっくりした
わくわくする
いきいきした
熱意がある
気持ちをかきたてられる
目を奪われる
熱心な
エネルギッシュな
熱烈な
有頂天の
元気な
活力のある
情熱的な
おどろいた
元気いっぱい

望み
期待している
励まされる
やる気のある
楽観的な
楽天的な

喜び
うれしい
楽しい
喜んでいる
幸せな
歓喜している

満足している
愉快だ
ウキウキした

心動かされる
おどろく
感動のある
畏敬の念のある
感嘆する
感心する

平安
おだやかな
頭スッキリ
気持ちいい
安定した
満足している
ありのままを受け入れる
達成感
くつろいだ
のんびりした
静かな
リラックスした
解放される
ほっとする
満たされた
平穏な
落ち着いた
ゆるぎない
信頼している

爽快感
さわやかな
活気づいた
元気を取り戻した
生まれ変わったような
休息のとれた
回復した
すっきりした
はればれした

普遍的な人間の欲求

つながり
受け入れられること
愛情
認めてもらうこと
所属・帰属意識
協力
コミュニケーション
気の置けなさ
コミュニティー
仲間
おもいやり
配慮／気遣い
一貫性
共感
共鳴・共振
仲間に入れてもらう
親密さ
愛
相互依存
共生
高めあうこと
尊敬
安心
安全
安定
支え／サポート
知ってもらう
見てもらう
理解してもらう
理解すること
信頼
あたたかさ

身体的幸福
空気
食べ物
活動／運動
休息／睡眠
性的表現
安全
（生命の危機からの保護）
住まい
ふれあい
水

うそじゃないこと
真実味
誠実さ
そこに居る・在ること

遊び
喜び
ユーモア
楽しみ

平和
美
交流
気楽さ
平等
調和
インスピレーション／
直感
秩序
整理整頓

意味
自覚
命の祝福
挑戦
明晰さ
頭を整理すること
能力
意識
貢献・寄与すること
創造性
発見
探求
効力感
役に立つこと
成長
希望
学び
悼み
参加
目的
自己表現
刺激
意義
理解

自主・自立
選択
自由
独立
空間・余裕
自発性

もっと詳しく

５つのツールの
学問的な背景

第４章のポイント

本書で紹介されているツールがすべて、
学際的な理論を土台としていることを知り、
各ツールの背景にある学問的研究を掘り下げる。

4.1
相互理解と共通基盤

人間がどのように互いを理解するか、
心理言語学からわかること

4.2
信頼と心理的安全性

エイミー・C・エドモンドソンの研究に迫る

4.3
人間関係のタイプ

進化人類学が明らかにした4つの行動モード

4.4
「フェイス」と「ポライトネス」

フェイス理論と互いの配慮における2つの欲求

ツールの
学問的な背景

本書で紹介されているツールはどれも、経営上の問題に対して、心理言語学、進化人類学、心理学といった社会科学に基づく概念的な解決策を当てはめるもので、「リーンUXサイクル」を通じて設計されました。理論的な概念を具体的な行動のためのツールに転換するには、無数のイテレーションとプロトタイプが必要とされ、各ツールはおそらく今後も進化していくでしょう。

リーンUX サイクル

フロントステージ（表舞台）のツール

チーム・アライメント・マップ

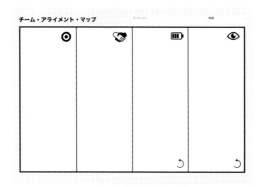

チーム・コントラクト

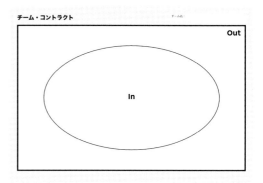

バックステージ（裏舞台）の学問的理論

相互理解と共通基盤
（心理言語学）p.270

信頼と心理的安全性
（心理学）p.278

人間関係のタイプ
（進化人類学）p.286

ファクト・ファインダー

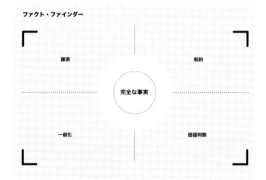

ファクト・ファインダー

瞭測　　　　　制約

完全な事実

一般化　　　　価値判断

リスペクト・カード

リスペクト・カード

「立ち入られたくない」という欲求
敬意を表す

「認められたい」という欲求
認識を示す

「フェイス」と「ポライトネス」
（心理言語学）p.294

非暴力コミュニケーション
（心理学）p.262

ノンバイオレント・リクエスト・ガイド

ノンバイオレント・リクエスト・ガイド

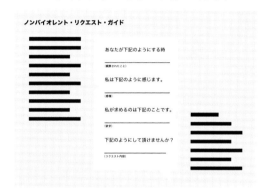

あなたが下記のようにする時

（観察されたこと）

私は下記のように感じます。

（感情）

私が求めるのは下記のことです。

（欲求）

下記のようにして頂けませんか？

（リクエスト内容）

4.1
相互理解と共通基盤

人間がどのように互いを理解するか、心理言語学からわかること

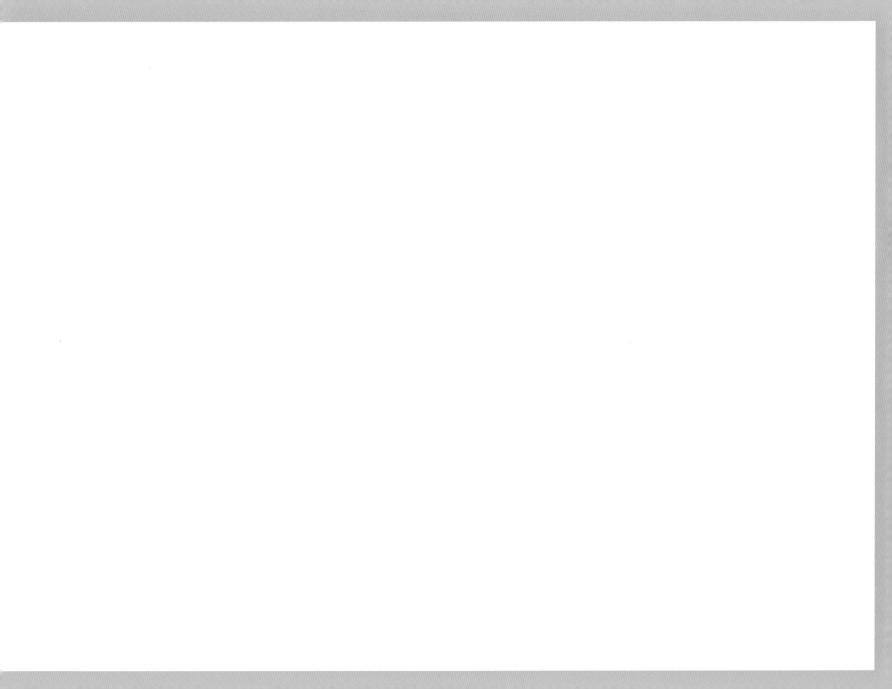

チームの共通基盤とは？

共同作業の成功

「共通基盤」とは端的に、「他のメンバーも知っていると各メンバーにわかっていること」を指します。「共通知識」や「共通理解（相互理解）」とも呼ばれる共通基盤の仕組みをまず明らかにしたのは、心理言語学者のハーバート・H・クラークでした。そこから心理学者のスティーブン・ピンカーがさらに理論を発展させました。共同作業で連携を図るには、言語が使われます。チームメンバー同士は、共同作業の成功に向けて頼り合う関係にあります。こうした相互依存性のため、チーム連携上の問題は全員で解決しなければなりません。どのメンバーも、他のメンバーの働きと常に足並みをそろえる必要があるからです。クラークが示した通り、共同作業を行うには、チーム内で十分な水準の共通基盤を構築し、維持することが欠かせません。つまり、特定の知識、信念、想定が全員に共有されていなければなりません。チーム内で連携し、共通の目標を達成するには、メンバーが互いの行動や振る舞いを正しく予測できる必要があります。だからこそ、共通基盤の確立と維持が重要な意味を持ちます。

効果的な連携

では、どうすれば共通基盤を確立し、維持できるのでしょうか。言語とコミュニケーションがその道具となります。クラーク派の視点からすると、共通基盤を生み出す装置となり、互いの連携を支えることに、コミュニケーションの存在意義があります。

十分な共通基盤があれば、メンバー間で互いの行動をきちんと予測でき、見当違いの起きる場面が少なくなります。個々の貢献の足並みがそろうため、計画実行上の問題が減るということです。あるメンバーが取り組んでいることに他のメンバーが納得できないと、足並みが乱れます。クラインら（Klein et al. 2005）によると、これは共通基盤の崩壊が原因です。何が行われ、誰が何をするかの情報、言い換えれば「誰が何を知っているか」に食い違いがあるのです。プロジェクトの失敗要因には、不十分な要件定義、ユーザーの関与の欠如、現実離れした期待、サポートの不足、要件の変更などがありますが、どれも共通基盤の崩壊の現れと解釈できます。そして、共同作業を成功に導くために十分な共通基盤、共通知識、相互理解を構築し、維持する必要性を浮き彫りにしています。

的確な共通基盤

実のある会話

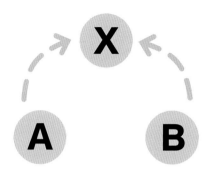

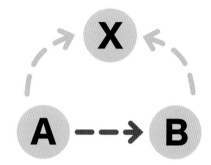

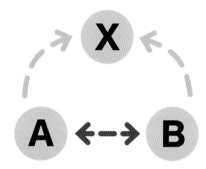

個人的な知識

全員が特定のことを知っているが、他の人もそれを知っているという知識はない。

- AはXを知っている。
- BはXを知っている。

例

- アンは、道を歩いている男性がいることを知っている。
- ボブは、道を歩いている男性がいることを知っている。
- ボブもそれを知っていることを、アンは知らない。
- アンもそれを知っていることを、ボブは知らない。

共有された知識

全員が特定のことを知っているが、他の人もそれを知っているという知識は一部の人にしかない。

- AはXを知っている。
- BはXを知っている。
- BがXを知っていることを、Aは知っている。
- AがXを知っていることを、Bは知らない。

例

- アンは、道を歩いている男性がいることを知っている。
- ボブは、道を歩いている男性がいることを知っている。
- ボブもそれを知っていることを、アンは知っている。
- アンもそれを知っていることを、ボブは知らない。

共通基盤・共通知識・相互理解

全員が特定のことを知っており、他の人もそれを知っているという知識が全員にある。

- AはXを知っている。
- BはXを知っている。
- AとB両方がXを知っていることを、AとB両方が知っている。

例

- アンは、道を歩いている男性がいることを知っている。
- ボブは、道を歩いている男性がいることを知っている。
- 2人ともそれを知っていることを、アンもボブも知っている。

出典：De Freitas, Thomas, DeScioli & Pinker（2019）

共通基盤の構築

共通基盤は、ハーバート・H・クラークが「基盤化」と名付けた社会的・認知的プロセスの結果として蓄積されます。この過程では、2人以上が集まり、「理解した証拠が得られた」または「誤解がありそうなためやり直しが必要だ」と合図し合うことで、相互理解を形成し、確認していきます。

1
理解したことのシグナル

相互理解は、理解したという証拠が言葉や身振りによって示された時点で達成されます。会話中の証拠には、以下のようなものがあります。

- 相づち：「うんうん」「わかります」「そうですね」
- 継続：相手の発した語句から会話をつなげる
- 回答：質問に答える
- 例示：言及されたことの例を挙げる

基盤化のプロセスでは、以下の3つのことが同時に起こっています。話し手と聞き手はともにはしごを上るように、この順番をたどらなければなりません。

1. **注意を傾ける**：話し手が音声と身振りを発し、聞き手がその音声と身振りに注意を傾ける
2. **認識する**：話し手が音声と身振りによってメッセージを組み立て、聞き手がメッセージを特定する
3. **理解する**：話し手がメッセージに何らかの意味を込め、聞き手がその意味を正しく推測する

2
誤解があることのシグナル

何かしっくりこない時、以下のようなシグナルは理解していないという証拠であり、話が通じていない可能性を示唆しています。

- ためらい：「ええと」
- 言い換え：「もし〜と解釈するなら」「〜という意味ですか」など
- 明確化：的確な質問をする（ファクト・ファインダーの活用が可能）

これらの修復メカニズムが、相互理解の確立につながる機会を新たに生み出します。

+

質問し、耳を傾け、繰り返す
相互理解を高めるには、相手の発言内容を繰り返すことで自らの理解を確認するという簡単な方法があります。

基盤化のプロセス

話すことと聞くことは、ワルツの踊りや
ピアノの二重奏に似た共同作業です。共
通基盤の構築を成功させるには、各段階
で両者の能動的な参加が必要とされます。

聞き手

共通基盤

話し手

意味を理解する　　**3. 理解する**　　意味を込める

メッセージを特定する　　**2. 認識する**　　メッセージを組み立てる

音声と身振りに
注意を傾ける　　**1. 注意を傾ける**　　音声と身振りを発する

コミュニケーション方法が共通基盤の構築に及ぼす効果

共通基盤の構築にあたり、どのコミュニケーション方法でも効果が同じわけではありません（Clark & Brennan 1991）。最も効果的なのは、面と向かっての会話です。次に続くビデオ会議は、距離の壁を低くしつつ、臨場感を再現できます。作業部会、司令塔、危機対応部隊などを1カ所にまとめる習慣が続いているのは、効率が極限まで重視される場面で、顔を直接合わせながら迅速に共通基盤を築くことの重要性を裏付けています。

その他のコミュニケーション方法にはすべて、対面でのやり取りに比べた欠点があります。例えば、非言語的な情報や文脈情報の欠落、電波受信の問題、時間的なずれ、あいまいなメールの内容を質問してもすぐに答えが返ってこないなど。これらの欠点によって、共通基盤の確立やチームの連携が大幅に難しくなる恐れがあります。

同期的コミュニケーション

共通基盤にかなりのてこ入れが必要な場面では、対面での会合やビデオ会議、電話会議を使います。

- 新たな取り組みやプロジェクトを始める時
- 問題を解決したい時
- クリエイティブな課題に臨む時

非同期的コミュニケーション

共通基盤を徐々に更新していくには、メールやチャットなどの非同期的なツールを使います。

- 変更の通知
- 文書の共同編集
- 更新情報の共有
- 現状報告

メディア種類別のコミュニケーション効果

+
対面でのリクエストの
成功率は、メール１通
の34倍
出典：Bohns（2017）

出典：「メディア・リッチネス理論」
https://en.wikipedia.org/wiki/
Media_richness_theory

対面での会話　　　　ビデオ会議　　　　電話　　　　　　宛名のある手紙、　　テキストメッセージ　宛名のないスパム広告、
　　　　　　　　　　　　　　　　　　　　　　　　　　　メール、報告書　　　　　　　　　　　　　ポスター

4.2
信頼と心理的安全性

エイミー・C・エドモンドソンの研究に迫る

心理的安全性の定義とチームのパフォーマンスへの影響

エイミー・C・エドモンドソンは心理的安全性を次のように定義しました。「対人的なリスクを冒しても心配のないチームだと信じられること。アイデア、疑問、懸念、過ちを口に出しても罰せられたり、恥をかいたりしないと信じられること」。心理的安全性を感じられる環境では、チームメンバーが声を上げることを恐れないため、生産的な対話が生まれ、状況や顧客を理解したり、効果的に問題を解決したりするのに必要な先取り学習行動につながります。

時代の先端を行くビジネスでは、複雑な問題の解決が日常的に求められ、実験的な取り組みがいつも欠かせません。チームの成果が出るまで試行錯誤を集中的に積み重ねることは、ビジネスにおけるイノベーションの基礎そのものです。先行きが不透明でも、心理的安全性を伴うチームでは、ミスが失敗ではなく試行錯誤であり、学習の機会であると受け止められ、好循環が起こります。

心理的安全性を高めるうえで大事なのは、人当たりの良さや成果の基準の引き下げではなく、学んだことをチーム内で共有し、率直に発言し、リスクを取り、間違いを認め、困ったら助けを求められる、オープンな文化を育むことです。

グーグル社内でも特に成功しているチームでは、従業員が安心して発言し、協力し合い、ともに試行錯誤できます。同社の人事部が行った社内調査で、心理的安全性がチームワークの成果の鍵になると示されました。

「変動性、不確実性、複雑性、あいまい性（VUCA）」の時代にグローバル競争を生き抜いていこうとするなら、心理的安全性の高い環境の創造と維持を経営上の優先課題とすべきです。

エドモンドソンが言う通り、心理的安全性は単なる人当たりの良さや業績基準での妥協を意味しません。どのチームでも問題は起こりますが、心理的安全性があれば、建設的な反対意見、オープンなアイデア交換、さまざまな視点からの学習といった、生産的なやり取りが可能になります。同様に、心理的安全性とは、基準を低くして個人に責任を感じさせないことではありません。心理的安全性と業績基準は別々のもので、重要性に違いはなく、チームの優れた成果を引き出すにはどちらも欠かせません。

出典：Edmondson（2018）

心理的安全性と業績基準

学習ゾーンに入り、チームとして
優れたパフォーマンスを達成する
には、心理的安全性と業績基準が
両方とも高くなければなりません。

快適ゾーン

チーム内での共同作業は楽しいが、業務
上で挑戦を求められず、新たなチャレン
ジに取り組むべき理由が見いだされない。

学習ゾーン

誰もが協力し、互いに学習し合うことで、
複雑かつ画期的な仕事を成し遂げられる。

無気力ゾーン

しかるべき所に顔は出しても、心ここに
あらずの状態。互いの足を引っ張ること
にエネルギーの多くが使われる。

不安ゾーン

職場環境としては最悪と考えられ、仕事
仲間を信用できず、互いに不安を抱えて
いるため、たいていは自分の力だけで高
い基準や期待に応えるしかない。

出典：Edmondson（2018）

心理的安全性

業績基準

心理的安全性を
手早く評価する方法

次に挙げる７つの質問で、うまく行っている部分と改善が必
要な部分を見極められます。回答に先入観が入らないよう、
同じ役職レベルの同僚同士で評価を行うと良いでしょう。

１ 個々に回答する

２分間で各自が７つの質問に答え、自分の点数を計算します。

２ 点数を発表する

自分の点数を同僚たちに知らせます。

３ 点差を議論し、精査する

質問を１つずつたどり、認識の違いを理解するためにオープン
な議論を行います。

４ 取るべき行動について意見をまとめる

改善が必要な部分が特定されたら、適切な解決策を取りまとめ
ます。本書で紹介している４つの拡張ツールも活用できます。

		まったくそう思わない	そう思わない	あまりそう思わない	どちらでもない	ややそう思う	そう思う	強くそう思う	あなたの評価
1 ミスから学ぶ	自分がミスを犯すと、責められることが多い。	7	6	5	4	3	2	1	
2 生産的な対立	このチームのメンバーは、問題や難しい課題であっても提起できる。	1	2	3	4	5	6	7	
3 多様性を生かす	このチームでは、他の人たちと違うという理由で排除されることがある。	7	6	5	4	3	2	1	
4 実験的な取り組みの促進	このチームでは、安心してリスクを取れる。	1	2	3	4	5	6	7	
5 相互の支援	このチームでは、他のメンバーに助けを求めるのが難しい。	7	6	5	4	3	2	1	
6 強力なパートナーシップ	このチームには、自分の努力をわざと台無しにしようとする人がいない。	1	2	3	4	5	6	7	
7 最適な貢献	このチームのメンバーと働く中で、自分特有のスキルと才能が大事にされ、役立てられている。	1	2	3	4	5	6	7	

出典：Edmondson（1999）

合計点

+

経験則からすると、40点以上が良い評価と考えられます。

信頼、心理的安全性、エンゲージメント……どう違う？

心理的安全性

対人的なリスクを冒しても心配のないチームだと信じられること。アイデア、疑問、懸念、過ちを口に出しても罰せられたり、恥をかいたりしないと信じられること（Edmondson 1999）。

+

心理的安全性とはチーム環境を指し、集団として経験されるものです（Edmondson 2018）。誰かがリスクを取る時に、他のメンバーが好意的に解釈してくれるだろうと信じられる度合いを意味します（Edmondson 2004）。信頼は必要な要素ですが、それだけで十分ではありません。

出典：Frazier et al.（2017）

エンパワーメント

自分で仕事をコントロールできるという感覚に伴って意欲が湧く状態（Spreitzer 1995）。

エンゲージメント

個人が仕事上の役割や業務に対し、自身のリソースやエネルギーをつぎ込もうとする姿勢（Christian, Garza & Slaughter 2011; Kahn 1990）。

信頼

他者の行為に自分の身をさらすリスクを取ろうと思えること（Mayer, Davis & Schoorman 1995）。

✚

信頼は二者間のやり取りで経験されるものです。自分がある同僚を信頼していても、他の同僚も信頼しているとは限りません（Edmondson 2018）。

4.3
人間関係のタイプ

進化人類学が明らかにした４つの行動モード

人間関係：
4つの行動モード

私たちがチームで働く時、ただ仕事をするわけではありません。職場の人間関係にも気を遣います。他者との関係を模索し、結び、修復し、調整し、見極め、解釈し、正当化します。人類学者のアラン・P・フィスクは、人間関係のあり方を、結び付きのタイプによって4つの基本類型に分けることに成功しました。それぞれの行動モードによって、当事者間のリソース配分方法が異なります。

4つの行動モード

1. **共有**：「私のものはあなたのもの、あなたのものは私のもの」。帰属感で人々が動き、コンセンサスによって意思決定が行われる。恋人同士、友人同士、特定グループの支援者など、コミュニティ的なつながりによく見られる。

2. **権威**：「上に立つのは誰か」。権力で人々が動き、ルールや意思決定は権威的。1人が上位に置かれ（威信を得る）、残りは下位に置かれる（保護を受ける）。上司と部下、司令官と兵士、教授と学生など、階層的な構造によく見られる。

3. **互恵**：「全員に平等に」。誰もが同じ分を受け取り、与えるという平等の原則で人々が動き、投票によって意思決定が行われる（1人に1票ずつ）。クラブやライドシェアグループのほか、贈り物を交換し合ったり、家に招き合ったりする知人同士など、同質的な集団によく見られる。

4. **取引**：「各自にしかるべき配分を」。成果で人々が動き、効用の評価、各自の功績、市場価格といった要因に基づいて取引が行われる。企業、株式市場、売り手と買い手の関係など、利益を追求する場面によく見られる。

フィスクは、2人の当事者がどちらも同じモードで行動すればうまく行くという点を明らかにしました。しかし両者の行動モードが食い違うと、問題が起きます。さらに厄介なことに、私たちは1つの行動モードだけでやり取りするわけではありません。置かれた状況や目の前の課題に応じて、モードをたえず切り替えています。モードによって期待される振る舞いが変わるため、行動モードをうまく調整するのは簡単ではありません。

出典：Fiske（1992）；Pinker, Nowak & Lee（2008）

シチュエーション別の主な行動モード、
あなたのチームではどれ？
行動モードの理解と一致は、意図せざる
失態を最低限に抑えるのに役立ちます。
従うべきルールも、期待される振る舞い
も、行動モードによって変わってきます。

行動モード	共有 私のものは あなたのもの	権威 上に立つのは誰か	互恵 全員に平等に	取引 各自に しかるべき配分を
子どもの行動に現れ始める年齢	幼児期	〜3歳	〜4歳	〜9歳
主な動機	所属 • 親密さ • 利他行動 • 寛大さ • 親切心 • 思いやり	権力 • 権力 vs 保護 • 地位・認知 vs 追従・忠誠心	平等 • 偏りのない扱い • 厳格な公平性	成果 • 効用 • 恩恵 • 利益
例	家族、親しい友人、民族グループ、社会運動、オープンソースコミュニティ	上司と部下、司令官と兵士、教授と学生	ルームメイト（用事の分担、ビールをおごり合う）、ライドシェアグループ、知人（贈り物を交換し合う、ディナーパーティーに招き合う、誕生日を祝い合う）	ビジネスの世界：売り手と買い手、最良の取引の模索、利益の追求、契約の交渉、配当金の受け取り

**チームワークで
期待されること**

組織	共同体的	階層的	同質的	合理的
メンバーからの貢献	各自の能力に応じて全員が貢献する	上司が仕事の指示と管理を行う	全員が同じ、または同等の仕事をこなす	功績と生産性に応じて仕事が割り振られる
意思決定プロセス	コンセンサス	権限系統	投票、くじ引き	議論
リソースの所有	全員で所有し、帳簿はない	階層の上位に行くほど増える	平等に分けられる	貢献や投資資本に応じて配分される
見返り	全体の蓄えとし、個人的な見返りはない	地位や年功序列で決まる	同じ見返りを同じ量で全員に分ける	市場価値や個人の功績で決まる

行動モードの
不一致を避ける

　行動モードが一致していると思っていたのに、本当は食い
違っていた場合、私たちは感情的になることがあります。ある
る行動モードで適切とされる振る舞いが、別の行動モードで
はまったくふさわしくないと受け止められかねません。悪気
はなくても、行動モードが違うというだけで相手を怒らせて
しまいます。そのような場面では、互いに恥をかいたり、気
まずく感じられたりするだけでなく、不道徳だと思われるこ
とまであります。

モードの一致

親しい友人
（共有＝共有）

相手の食べ物をつまみ食いする

モードの不一致

上司
（共有≠権威）

出典：Pinker（2007）

顧客
（取引＝取引）

相手に売って儲けを得る

飲食店
（取引＝取引）

食事に代金を払う

親
（取引≠共有）

実家
（取引≠共有）

チーム内で行動モードの不一致が起きると、気まずくなり、人間関係の悪化からいざこざに発展する可能性も

タティは業務上の経験が豊富なため、全体に指示を出そうとするが、他のメンバーは全員に平等な発言権があるべきだと考えている。
（権威≠互恵）

メンバーはアントニオの指示を待っているが、アントニオは役目にふさわしい報酬を受け取っていないため、責任を負う必要がないと考えている。
（権威≠取引）

スーザンは、最も仕事のできるアンがクライアントに会うべきだと思っている。他のメンバーは、順番に担当を回すべきだと考えている。
（取引≠互恵）

行動モードを
一致させよう：
同族経営の場合

　行動モードの不一致でいざこざの起きるリスクが高いのが、同族経営です。家族がビジネスの場面で協力しようとすると、関係性がとても複雑になります。

　同族経営の場合、それぞれが複数の役割（家族内の立場、株主、管理職など）を担っているため、複数の価値観や利害を抱えていると考えられます。各自の担う役割が多いほど、特定の役割の枠からはみ出る可能性が高くなり、家族間で行動モードの不一致が起こりやすくなります。大規模な同族企業はこうした問題に対処するため、各自に期待することを明確化し、責任体制を確立する形で、独自の統治モデルを設計します。「家憲」として家族の関係のあり方を正式に文書化し、行動モードの食い違いによる余計な対立をできるだけ減らそうとするケースが珍しくありません。

ニーナ
サマンサの娘、ケビンの姉、
家業の管理職

ケビン
サマンサの息子、
ニーナの弟、学生

ボブ
サマンサの父、ニーナとケ
ビンの祖父、年金生活中、
家業の創業者であり株主

サマンサ
ニーナとケビンの母、
家業のCEOであり株主

　家憲の制定には、大変な労力とスキルに加え、外部の助けを必要とする場合があります。お店やレストランの経営、手芸品の製作などの小規模な同族会社では、協調的な関係を維持する最初の一歩としてチーム・コントラクトを使い、役割ごとの基本的なルールを定めることが可能です。

検索ワード：同族経営、同族企業の統治、家憲

家族の役割の重複が対立の源に

ボブ（共有）— **サマンサ**（権威）
並外れた好業績の１年だったにもかかわらず、ボブは
「自分だったらどう経営するか」という観点から娘の
サマンサに長々とアドバイスしたがる。

ケビン（共有）— **サマンサ**（取引）
ケビンは社用車を借りてパーティーに行きたいが、
母のサマンサが許してくれず不満に思う。

ケビン（互恵）— **サマンサ**（取引）
姉のニーナがボーナスを受け取っているのを知り、
お小遣いが足りないと感じているケビンはいっそう
腹立たしく感じる。

ニーナ（取引）— **サマンサ**（権威）
ニーナは、自分の狙っていたポジションに別の人を
昇格させた母のサマンサを恨んでいる。

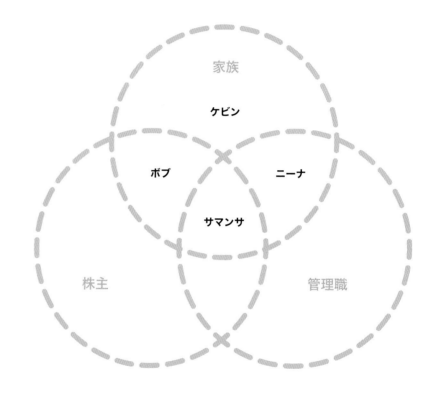

「スリーサークル（3つの輪）モデル」の出典：Tagiuri & Davis（1996）

4.4
「フェイス」と「ポライトネス」

フェイス理論と互いの配慮における２つの欲求

ポライトネス：
２つの主な社会的欲求

人類学者のペネロピ・ブラウンとスティーブン・レヴィンソンは著書の『ポライトネス —— 言語使用における、ある普遍現象』で、相互的な配慮に独自の解釈を提供しました。「フェイス」の概念に基づいて、画期的な「ポライトネス理論」を生み出したのです。フェイスというのは、「losing face（面目を失う）」という慣用表現から生まれた概念で、社会学者のアーヴィング・ゴッフマンは「社会において人々が当然要求する好ましい価値」として位置付けました。

ブラウンとレヴィンソンによると、他者に配慮を示し、礼儀正しく振る舞うことは、フェイス（面目）を積極的に気遣い合う「フェイスワーク」に他なりません。フェイスワークは、人類に共通する２つの「社会的欲求」に対応する形で実践されます（Brown & Levinson 1987）。

• 「肯定されたい」「認められたい」という欲求：自分の肯定的なイメージが、相手の行動や振る舞いに反映されること。感謝されたり、同情を受けたり、褒められたりする場面では欲求が満たされ、無視されたり、否定されたり、公衆の面前で恥をかかされたりすると、欲求が満たされない。
• 「自立したい」「立ち入られたくない」という欲求：他者から介入されたり、邪魔されたりすることなく、行動の自由を守り、プライベートな領域を確保したいという欲求。話しかけても良いか許可を求められたり、不都合が生じることを先に謝られたり、社会的地位を示す敬称で呼ばれたりする場面では欲求が満たされ、朝のコーヒー１杯を楽しむはずの時間に愚痴を聞かされたり、物事を押し付けられたり、警告や呼び出しを受けたりすると、欲求が満たされない。

心理学者のスティーブン・ピンカーは、（ほぼ）相反するようなこれら２つの欲求の混在によって、「結び付き」と「独立」、「親密さ」と「権力」、「連帯」と「序列」といった社会生活の二重性を説明できると考えました。自分勝手に振る舞えば、立ち入られたくないという欲求は満たされても、他者から認められることはないかもしれません。認められつつも、立ち入られたくないという欲求は、私たちの社会的DNA（Fiske 1992）に組み込まれ、欲求が満たされない時には、とても気難しくなるものです。ブラウンとレヴィンソンに言わせると、互いの配慮には適切な行いが必要です。面目を潰し合うリスクを最小限にとどめるために、適切な言葉や表現を選びましょう。それはつまり、礼儀正しく振る舞うことを意味します。

検索ワード：ポライトネス理論、ブラウン＆レヴィンソン、戦略的話者の理論、スティーブン・ピンカー、ポライトネス

私たちは、2つの社会的欲求を満たすことで配慮を示してくれる相手を尊重します。そうしてくれない相手を大事にしようとは思いません。相手にとっても同じことです。

**「立ち入られたくない」という
社会的欲求**

こちらに来て頂けませんか？

**「認められたい」という
社会的欲求**

おめでとう！

公正なプロセスとは？

互いを認め合いながらも、関係の距離を維持することが、公正さの大きな２つの柱となります。公正さはチームの発展だけでなく、ダイバーシティ（多様性）の促進、格差の是正、インクルージョン（包摂）といった取り組みに欠かせない基盤を形成します。

チームや組織の中で公正なプロセス（フェアプロセス）を実施するには、認められつつも、立ち入られたくないという全員の欲求を平等に満たせるような意思決定が必要です。フランスのINSEAD（欧州経営大学院）の教授であるチャン・キムとレネ・モボルニュが示したのは、そのために必要な３つの大原則です。

1. エンゲージメント
2. 説明
3. 何を期待するかの明確化

大事な決定や結果に至るプロセスが公正だと納得できれば、人は妥協に応じ、自己利益の犠牲すらいとわないことが、研究で明らかになっています。こうした証拠があるにもかかわらず、自らの権威が疑問視され、影響力が低下すると恐れて、公正なプロセスの導入に消極的なマネジャーがいます。その理解は間違っています。公正なプロセスとは、コンセンサスによる決定でも、職場の民主主義でもありません。最も良いアイデアを育み、追求することを目的としています。

公正な（意思決定）プロセスの３原則

1
エンゲージメント
1人ひとりに意見を求めることで
意思決定に巻き込み、問題点を指
摘し合うようにする。

役に立つツール
- チーム・アライメント・マップ
- チーム・コントラクト

2
説明
最終的な決定の理由を明らかにする。

役に立つツール
- チーム・アライメント・マップ
- チーム・コントラクト

3
何を期待するかの明確化
業績基準、失敗した場合の罰則、
役割の変更など、新たなルールを
はっきりと示す。

役に立つツール
- チーム・コントラクト

出典：Kim & Mauborgne（1997）

テンプレート集

本書に登場したツールをまとめて紹介

チーム・アライメント・マップ

共同目標 ◎	共同コミットメント 🤝	共同リソース 🔋	共同リスク 👁
私たちは何を成し遂げようとしているのか？	誰が何をするのか？	どんなリソースが必要か？	チームの成功を妨げる可能性があるものは何か？

⊕ Strategyzer

チーム・アライメント・マップ

共同目標 ◉	共同コミットメント 🤝	共同リソース 🔋	共同リスク 👁
明確	明示的	利用可能	制御されている
↑	↑	↑	↑
どちらでもない	どちらでもない	どちらでもない	どちらでもない
↓	↓	↓	↓
不明確	暗示的	不足 ↩	過小評価されている ↩

⊙Strategyzer

チーム・コントラクト

チームとして守りたいルールや行動指針は何か？
個人としてどのような形でともに働くことを好むか？

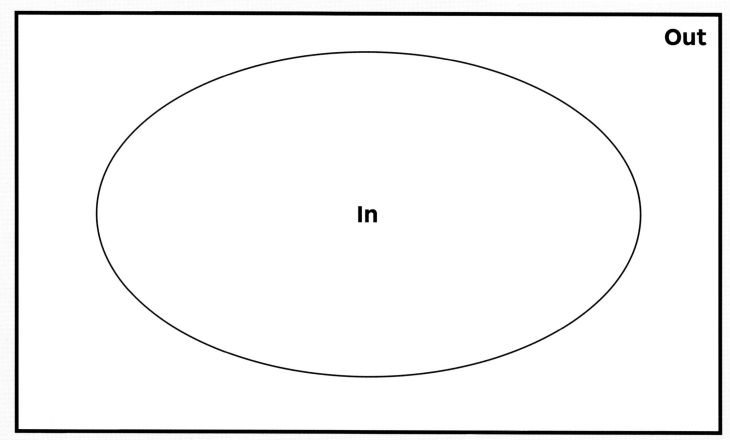

Out

In

Ⓤ Strategyzer

ファクト・ファインダー

臆測
勝手な想像での
解釈・仮説・予測

こう聞いたら　　**こう尋ねる**
「あの人は〜と考えています」　なぜそう認識しているのですか？
「あの人は〜と思っています」　どうしてわかるのですか？
「あの人は〜してくれません・〜すべきです」　どんな裏付けがありますか？
「あの人は〜を好みます」　何を根拠にそう考えるのですか？
「あなた方は・あの人たちは〜することになります」
「ビジネスとは・人生とは・愛とは〜です」

制約
制約や義務の思い込みで
選択肢を狭める

こう聞いたら　　**こう尋ねる**
「私は〜しなければなりません」　もしそれが起きたら、どうなりますか？
「私たちは〜すべきです」　何が原因で無理なのですか？
「私は〜できません」
「私は〜しません」
「私たちは〜すべきではありません」

不完全な事実や経験
説明に正確さが欠ける

こう聞いたら　　　**完全な事実**　　　**こう尋ねる**
「〜と聞きました」　　　　　　　　誰が？　何を？
「〜と彼らが言っていました」　　　いつ？　どこで？
「〜を彼女が見たそうです」　　　　どのように？　どれくらい？
「私は〜と思います」　　　　　　　もっと詳しく説明して
　　　　　　　　　　　　　　　　　頂けますか？
　　　　　　　　　　　　　　　　　それはどういう意味
　　　　　　　　　　　　　　　　　ですか？

第一次的現実
人間の五感を通じて物理的に
知覚できる現象

一般化
特殊なケースを普遍的な
現象として捉える

こう聞いたら　　**こう尋ねる**
「必ず」　必ず？
「決して」　決して？
「誰も〜でない」　誰も？
「誰もが〜だ」　誰もが？
「皆が」　皆が？
　　　　それは確かですか？

価値判断
物事・状況・人物に対する
主観的な評価

こう聞いたら　　**こう尋ねる**
「私は〜です」　なぜそう考えるのですか？
「人生とは〜です」　どこからそういう印象を受けましたか？
「〜は良い・悪いことです」　どういう意味で許せませんか？
「〜は大切です」　何か気掛かりなことがありますか？
「〜は簡単・難しいです」

第二次的現実
第一次的現実の受け止め方、
個人的な解釈

☺ Strategyzer

リスペクト・カード　円滑なコミュニケーションのヒント

「立ち入られたくない」という欲求
敬意を表す

命令せずに問いかける
「～して頂けますか？」

疑問として伝える
「～するつもりではないですよね？」

要求を言い切らない
「もし可能であれば、～してください」

手間を取らせることを認める
「ご多忙とは存じますが」

気が進まないことを示す
「普段はこんなことをお願いしませんが」

詫びる
「お手数をかけて申し訳ありませんが」

借りを作ることを認める
「～して頂けると、ありがたく存じます」

遠回しに伝える
「ペンを探しているのですが…」

許可を求める
「申し訳ないですが、ペンをお借りできますか？」

頼みを最小限にする
「そのペンを使っても構わないか教えてください」

責任を負う主体を複数にする
「航空チケットを昨日までに買う必要があったことを、
私たちからあなたに伝えそびれていました」

ためらいを入れる
「あの、ええと、～しても構わないでしょうか」

人に言及しない
「喫煙は許可されていません」

「認められたい」という欲求
認識を示す

感謝する
「誠にありがとうございます」

健勝を祈る
「良い 1 日をお過ごしください」

相手の状況を尋ねる
「調子はどうですか？」「いかがお過ごしですか？」

ちょっとした褒め言葉をかける
「素敵なセーターですね」

予測する
「お腹が空いたことでしょう」

アドバイスする
「どうか気をつけて」

同意を求める
「ですよね？」

相手を思いやる
「お腹が空いたことでしょう。朝食からずいぶん時間が
経ってしまったので、昼食にしませんか？」

意見の対立を避ける
A「お口に合いませんか？」
B「いえ、そんなことはありません。何と言うか、
食べつけないだけで、味は良いです」

意見を言い切らない
「もう少しだけ頑張ってみては？」

リスクのある行為
直接的な命令
途中で割って入る
警告する
禁止する
脅す
提言する
催促する
忠告する

リスクのある行為
恥をかかせる
意見を否定する
無視する
公然と批判する
軽蔑する、からかう
自分のことばかり話す
タブーな話題に触れる
侮辱、言いがかり、苦情

Strategyzer

ノンバイオレント・リクエスト・ガイド

感情　あなたの欲求が満たされない時のネガティブな感情

恐怖	混乱した	恥ずかしい	緊張している
危惧する	どっちつかず	肩身が狭い	心配している
不安な（感じ）	途方に暮れる	悔しい	気難しい
嫌な予感がある	困惑する	おろおろする	虫の居所が悪い
恐れている	呆然とする	気がとがめる	つらい
不信感のある	ボーっとする	屈辱的な	心がかき乱された
パニック	当惑する	無念な	ぎりぎり
すくみ上がる	ためらい	自意識が強い	落ち着かない
こわい	まごついた	打ちのめされる	神経をすり減らした
疑心暗鬼の	こまった		イライラした
おびえた	悩まされる	**疲労**	びくびくした
警戒する	板挟みになる	燃え尽き感	びりびりした
心配で		へとへと	神経質な
	断絶	だるい	圧倒された／参った
イライラ	疎外感	やる気がでない	集中できない
むかつく	打ち解けない	眠い	ストレスにやられた
不愉快	冷淡な	疲れた	
不機嫌	無感動な	うんざり	**弱さ**
しゃくにさわる	退屈な	飽き飽きした	もろい
いら立つ	冷たい	くたくた	身構える
欲求不満な	孤立した		無力感
もどかしい	離れた	**痛み**	不安な
憤慨する	気が散っている	苦悩のある	疑い深い
腹が立つ	無関心な	打ちひしがれる	遠慮がち
不快感のある	無感覚の	打ちのめされる	不安定な
	引っ込み思案の	深く悲しむ	
怒り		胸がつぶれる思い	**あこがれ**
怒っている	**動揺**	傷ついた	うらやましい
激怒している	たきつけられる	寂しい	ねたましい
怒り狂う	危機感	惨めな	切望する
いきり立つ	混乱した	後悔した	感傷的な
憤然とした	どぎまぎした		懐かしい
怒りに駆られる	かき乱された	**悲しみ**	身を焦がす
恨み	不安	落ち込んだ	切ない
	慌てた	意気消沈した	
反感	落ち着かない	絶望感	
敵意のある	ショックを受ける	しょげ返った	
憎悪のある	ぎょっとする	ふさぎこむ	
悪意のある	ギクッとする	やる気を失う	
恨みに思う	ハッとする	失望した	
愕然とする	ドキッとする	くじけた	
軽蔑した	動揺した	がっかりした	
嫌いな	不穏な	心が暗い	
大っ嫌いな	居心地が悪い	心が重い	
ぞっとする	心配な	哀れな	
鳥肌が立つ	狼狽する	憂鬱な	
嫌悪感	不安定な	不幸な	
うんざりした		惨めな	

あなたが下記のようにする時

―――――――――――――――
（観察されたこと）

私は下記のように感じます。

―――――――――――――――
（感情）

私が求めるのは下記のことです。

―――――――――――――――
（欲求）

下記のようにして頂けませんか？

―――――――――――――――
（リクエスト内容）

欲求

つながり	身体的幸福	意味
受け入れられること	空気	自覚
愛情	食べ物	命の祝福
認めてもらうこと	活動／運動	挑戦
所属・帰属意識	休息／睡眠	明晰さ
協力	性的表現	頭を整理すること
コミュニケーション	安全（生命の危機	能力
気の置けなさ	からの保護）	意識
コミュニティー	住まい	貢献・寄与すること
仲間	ふれあい	創造性
おもいやり	水	発見
配慮／気遣い		探求
一貫性	**うそじゃないこと**	効力感
共感	真実味	役に立つこと
共鳴・共振	誠実さ	成長
仲間に入れてもらう	そこに居る・在ること	希望
親密さ		学び
愛	**遊び**	悼み
相互依存	喜び	参加
共生	ユーモア	目的
高めあうこと	楽しみ	自己表現
尊敬		刺激
安心	**平和**	意義
安全	美	理解
安定	交流	
支え／サポート	気楽さ	**自主・自立**
知ってもらう	平等	選択
見てもらう	調和	自由
理解してもらう	インスピレー	独立
理解すること	ション／直感	空間・余裕
信頼	秩序	自発性
あたたかさ	整理整頓	

感情と欲求のリストの出典：©2006 Inbal Kashtan and Miki Kashtan, BayNVC, nvc@baynvc.org, www.baynvc.org
©2022 NVC ジャパン・ネットワーク, http://nvc-japan.net/

Strategyzer

参考文献

序章

Atlassian. "You Waste a Lot of Time at Work."www.atlassian.com/time-wasting-at-work-infographic
Clark, H. H. 1996. Using Language. Cambridge University Press.
Cross, R., R. Rebele, and A. Grant. 2016. "Collaborative Overload." Harvard Business Review. https://hbr.org/2016/01/collaborative-overload
Coutu, D. 2009. "Why Teams Don't Work." Harvard Business Review. https://hbr.org/2009/05/why-teams-dont-work
Edmondson, A. 1999. "Psychological Safety and Learning Behavior in Work Teams." Administrative Science Quarterly 44: 350–383. http://dx.doi.org/10.2307/2666999
Garrod, S., and M. J. Pickering. 2009. "Joint Action, Interactive Alignment, and Dialogue." Topics in Cognitive Science 1 (2): 292–304.
Harter, J. 2018. "Employee Engagement on the Rise in the U.S." Gallup. https://news.gallup.com/poll/241649/employee-engagement-rise.aspx
Kaplan, R., and Norton, D. 2005. "The Office of Strategy Management." Harvard Business Review. https://hbr.org/2005/10/the-office-of-strategy-management
Tabrizi, B. 2015. "75% of Cross-Functional Teams Are Dysfunctional." Harvard Business Review. https://hbr.org/2015/06/75-of-cross-functional-teams-are-dysfunctional
The Standish Group. 2019. CHAOS Report.

1. チーム・アライメント・マップとは？

ミッションと期間

Deci, E. L., and R. M. Ryan. 1985. Intrinsic Motivation and Self-Determination in Human Behavior. Plenum Press.
Edmondson, A. C., and J. F. Harvey. 2017. Extreme Teaming: Lessons in Complex, Cross-Sector Leadership. Emerald Group Publishing.
Locke, E. A., and G. P. Latham. 1990. A Theory of Goal Setting & Task Performance. Prentice-Hall Inc.

共同目標

Clark, H. H. 1996. Using Language. Cambridge University Press.
Klein, H. J., M. J. Wesson, J. R. Hollenbeck, and B. J. Alge. 1999. "Goal Commitment and the Goal-Setting Process: Conceptual Clarification and Empirical Synthesis." Journal of Applied Psychology 84 (6): 885.
Lewis, D. K. 1969. Convention: A Philosophical Study. Harvard University Press.［デイヴィド・ルイス『コンヴェンション』（瀧澤弘和訳、2021、慶應義塾大学出版会）］

Locke, E. A., and G. P. Latham. 1990. A Theory of Goal Setting & Task Performance. Prentice-Hall.
Schelling, T. C. 1980. The Strategy of Conflict. Harvard University Press.［トーマス・シェリング『紛争の戦略』（河野勝監訳、2008、勁草書房）］

共同コミットメント

Clark, H. H. 2006. "Social Actions, Social Commitments." In Roots of Human Sociality: Culture, Cognition and Human Interaction, edited by S. C. Levinson and N. J. Enfield, 126–150. Oxford, UK: Berg Press.
Edmondson, A. C., and J. F. Harvey. 2017. Extreme Teaming: Lessons in Complex, Cross-Sector Leadership. Emerald Group Publishing.
Gilbert, M. 2014. Joint Commitment: How We Make the Social World. Oxford University Press.
Schmitt, F. 2004. Socializing Metaphysics: The Nature of Social Reality. Rowman & Littlefield.
Tuomela, R., and M. Tuomela. 2003. "Acting as a Group Member and Collective Commitments." Protosociology 18: 7–65.

共同リソース

Corporate Finance Institute® (CFI). n.d. "What Are the Main Types of Assets?" https://corporatefinanceinstitute.com/resources/knowledge/accounting/types-of-assets/

共同リスク

Aven, T. 2010. "On How to Define, Understand and Describe Risk." Reliability Engineering & System Safety 95 (6): 623–631.

Cobb, A. T. 2011. Leading Project Teams: The Basics of Project Management and Team Leadership. Sage.

Cohen, P. 2011. "An Approach for Wording Risks." http://www.betterprojects.net/2011/09/approach-for-wording-risks.html

Lonergan, K. 2015. "Example Project Risks – Good and Bad Practice." https://www.pmis-consulting.com/example-project-risks-good-and-bad-practice/

Mar, A. 2015. "130 Project Risks (List)". https://management.simplicable.com/management/new/130-project-risks

Power, B. 2014. "Writing Good Risk Statements." ISACA Journal. https://www.isaca.org/resources/isaca-journal/past-issues/2014/writing-good-risk-statements

Project Management Institute. 2013. A Guide to the Project Management Body of Knowledge (PMBOK® Guide). 5th ed. [PMI日本支部『プロジェクトマネジメント知識体系ガイド（PMBOK®ガイド）』第5版（2012）]

評価

Avdiji, H., D. Elikan, S. Missonier, and Y. Pigneur. 2018. "Designing Tools for Collectively Solving Ill-Structured Problems." In Proceedings of the 51st Hawaii International Conference on System Sciences January, 400–409.

Avdiji, H., S. Missonier, and S. Mastrogiacomo. 2015. "How to Manage IS Team Coordination in Real Time." In Proceedings of the International Conference on Information Systems (ICIS), December, 13–16.

Mastrogiacomo, S., S. Missonier, and R. Bonazzi. 2014. "Talk Before It's Too Late: Reconsidering the Role of Conversation in Information Systems Project Management." Journal of Management Information Systems 31 (1): 47–78.

2. チーム・アライメント・マップを使ってみよう

Corporate Rebels. "The 8 Trends." https://corporate-rebels.com/trends/

Kaplan, R. S., and D. P. Norton. 2006. Alignment: Using the Balanced Scorecard to Create Corporate Synergies. Harvard Business School Press. [ロバート・S・キャプラン、デビッド・P・ノートン『BSCによるシナジー戦略』（櫻井通晴・伊藤和憲監訳、2007、ランダムハウス講談社）]

Kniberg, H. 2014. "Spotify Engineering Culture Part 1." Spotify Labs. https://engineering.atspotify.com/2014/03/spotify-engineering-culture-part-1/

Kniberg, H. 2014. "Spotify Engineering Culture Part 2." Spotify Labs. https://engineering.atspotify.com/2014/09/spotify-engineering-culture-part-2/

Larman, C., and B. Vodde. 2016. Large-Scale Scrum: More with LeSS. Addison-Wesley. [クレーグ・ラーマン、バス・ボッデ『大規模スクラム Large-Scale Scrum (LeSS)』（榎本明仁監訳、荒瀬中人ほか訳、2019、丸善出版）]

Leffingwell, D. 2018. SAFe 4.5 Reference Guide: Scaled Agile Framework for Lean Enterprises. Addison-Wesley.

Mastrogiacomo, S., S. Missonier, and R. Bonazzi. 2014. "Talk Before It's Too Late: Reconsidering the Role of Conversation in Information Systems Project Management." Journal of Management Information Systems 31 (1): 47–78.

3. チーム・アライメント・マップを補完する4つのツール

心理的安全性

Christian M. S., A. S. Garza, and J. E. Slaughter. 2011. "Work Engagement: A Quantitative Review and Test of Its Relations with Task and Contextual Performance." Personnel Psychology 64: 89–136. http://dx.doi.org/10.1111/j.1744-6570.2010.01203.x

Duhigg, C. 2016. "What Google Learned from Its Quest to Build the Perfect Team." New York Times Magazine. February 25.

Edmondson, A. 1999. "Psychological Safety and Learning Behavior in Work Teams." Administrative Science Quarterly 44: 350–383. http://dx.doi.org/10.2307/2666999

Edmondson, A. C. 2004. "Psychological Safety, Trust, and Learning in Organizations: A Group-Level Lens." In Trust and Distrust in Organizations: Dilemmas and Approaches, edited by R. M. Kramer and K. S. Cook, 239–272. Russell Sage Foundation.

Edmondson, A. C. 2018. The Fearless Organization: Creating Psychological Safety in the Workplace for Learning, Innovation, and Growth. John Wiley & Sons. [エイミー・C・エドモンドソン『恐れのない組織』（野津智子訳、2021、英治出版）]

Edmondson, A. C., and J. F. Harvey. 2017. Extreme Teaming: Lessons in Complex, Cross-Sector Leadership. Emerald Group Publishing.

Frazier, M. L., S. Fainshmidt, R. L. Klinger, A. Pezeshkan, and V. Vracheva. 2017. "Psychological Safety: A Meta-Analytic Review and Extension." Personnel Psychology 70 (1): 113–165.

Gallo, P. 2018. The Compass and the Radar: The Art of Building a Rewarding Career While Remaining True to Yourself. Bloomsbury Business.

Kahn, W. A. 1990. "Psychological Conditions of Personal Engagement and Disengagement at Work." Academy of Management Journal 33: 692–724. http://dx.doi.org/10.5465/256287

Mayer, R. C., J. H. Davis, and F. D. Schoorman. 1995. "An Integrative Model of Organizational Trust." Academy of Management Review 20: 709–734. http://dx.doi.org/10.5465/AMR.1995.9508080335

Schein, E. H., and W. G. Benni. 1965. Personal and Organizational Change Through Group Methods: The Laboratory Approach. John Wiley & Sons.

Spreitzer, G. M. 1995. "Psychological Empowerment in the Workplace: Dimensions, Measurement, and Validation." Academy of Management Journal 38: 1442–1465. http://dx.doi.org/10.5465/256865

チーム・コントラクト

Edmondson, A. C. 2018. The Fearless Organization: Creating Psychological Safety in the Workplace for Learning, Innovation, and Growth. John Wiley & Sons. [エイミー・C・エドモンドソン『恐れのない組織』（野津智子訳、2021、英治出版）]

Fiske, A. P., and P. E. Tetlock. 1997. "Taboo Trade-Offs: Reactions to Transactions That Transgress the Spheres of Justice." Political Psychology 18 (2): 255–297.

Pinker, S. 2007. The Stuff of Thought: Language as a Window into Human Nature. Penguin. [スティーブン・ピンカー『思考する言語（上）（中）（下）』（幾島幸子・桜内篤子訳、2009、NHK出版）]

ファクト・ファインダー

Edmondson, A. C. 2018. The Fearless Organization: Creating Psychological Safety in the Workplace for Learning, Innovation, and Growth. John Wiley & Sons. [エイミー・C・エドモンドソン『恐れのない組織』（野津智子訳、2021、英治出版）]

Kourilsky, F. 2014. Du désir au plaisir de changer: le coaching du changement. Dunod.

Watzlawick, P. 1984. The Invented Reality: Contributions to Constructivism. W. W. Norton.

Zacharis, P. 2016. La boussole du langage. https://www.patrickzacharis.be/la-boussole-du-langage/

リスペクト・カード

Brown, P., and S. C. Levinson. 1987. Politeness: Some Universals in Language Usage. Vol. 4. Cambridge University Press. [ペネロピ・ブラウン、スティーヴン・C・レヴィンソン『ポライトネス』（田中典子監訳、斉藤早智子ほか訳、2011、研究社）]

Culpeper, J. 2011. "Politeness and Impoliteness." In Pragmatics of Society, edited by W. Bublitz, A. H. Jucker, and K. P. Schneider. Vol. 5, 393. Mouton de Gruyter.

Fiske, A. P. 1992. "The Four Elementary Forms of Sociality: Framework for a Unified Theory of Social Relations." Psychological Review 99 (4): 689.

Lee, J. J., and S. Pinker. 2010. "Rationales for Indirect Speech: The Theory of the Strategic Speaker." Psychological Review 117 (3): 785.

Locher, M. A., and R. J. Watts. 2008. "Relational Work and Impoliteness: Negotiating Norms of Linguistic Behaviour." In Impoliteness in Language: Studies on its Interplay with Power in Theory and Practice, edited by D. Bousfield and M. A. Locher, 77-99. Mouton de Gruyter.

Pinker, S. 2007. The Stuff of Thought: Language as a Window into Human Nature. Penguin. [スティーブン・ピンカー『思考する言語（上）（中）（下）』（幾島幸子・桜内篤子訳、2009、NHK出版）]

Pinker, S., M. A. Nowak, and J. J. Lee. 2008. "The Logic of Indirect Speech." Proceedings of the National Academy of Sciences 105 (3): 833–838.

ノンバイオレント・リクエスト・ガイド

Hess, J. A. 2003. "Maintaining Undesired Relationships." In Maintaining Relationships Through Communication: Relational, Contextual, and Cultural Variations, edited by D. J. Canary and M. Dainton, 103–124. Lawrence Erlbaum Associates.

Kahane, A. 2017. Collaborating with the Enemy: How to Work with People You Don't Agree with or Like or Trust. Berrett-Koehler Publishers. [アダム・カヘン『敵とのコラボレーション』（小田理一郎監訳、東出顕子訳、2018、英治出版）]

McCracken, H. 2017. "Satya Nadella Rewrites Microsoft's Code." Fast Company. September 18.

Rosenberg, M.B. 2003. Nonviolent Communication: A Language of Life. PuddleDancer Press. [マーシャル・B・ローゼンバーグ『NVC　人と人との関係にいのちを吹き込む法 新版』（安納献監訳、小川敏子訳、2018、日本経済新聞出版社）]

4. もっと詳しく

相互理解と共通基盤

Bohns, V. K. 2017. "A Face-to-Face Request Is 34 Times More Successful Than an Email." Harvard Business Review. https://hbr.org/2017/04/a-face-to-face-request-is-34-times-more-successful-than-an-email

Clark, H. H. 1996. Using Language. Cambridge University Press.

Clark, H. H., and S. E. Brennan. 1991. "Grounding in Communication." Perspectives on Socially Shared Cognition 13: 127–149.

De Freitas, J., K. Thomas, P. DeScioli, and S. Pinker. 2019. "Common Knowledge, Coordination, and Strategic Mentalizing in Human Social Life." Proceedings of the National Academy of Sciences 116 (28): 13751–13758.

Klein, G., P. J. Feltovich, J. M. Bradshaw, and D. D. Woods. 2005. "Common Ground and Coordination in Joint Activity." In Organizational Simulation, edited by W. B. Rouse and K. R. Boff, 139–184. John Wiley & Sons.

Mastrogiacomo, S., S. Missonier, and R. Bonazzi. 2014. "Talk Before It's Too Late: Reconsidering the Role of Conversation in Information Systems Project Management." Journal of Management Information Systems 31 (1): 47–78.

"Media Richness Theory." [メディア・リッチネス理論] Wikipedia. https://en.wikipedia.org/wiki/Media_richness_theory

信頼と心理的安全性

＊「3. チーム・アライメント・マップを補完する４つの
　ツール —— 心理的安全性」の参考文献も参照のこと。

Edmondson, A. C., and A. W. Woolley. 2003. "Understanding Outcomes of Organizational Learning Interventions." In International Handbook on Organizational Learning and Knowledge Management, edited by M. Easterby-Smith and M. Lyles, 185–211. London: Blackwell.

Tucker, A. L., I. M. Nembhard, and A. C. Edmondson. 2007. "Implementing New Practices: An Empirical Study of Organizational Learning in Hospital Intensive Care Units." Management Science 53 (6): 894–907.

人間関係のタイプ

Fiske, A. P. 1992. "The Four Elementary Forms of Sociality: Framework for a Unified Theory of Social Relations." Psychological Review 99 (4): 689.

Pinker, S. 2007. The Stuff of Thought: Language as a Window into Human Nature. Penguin. [スティーブン・ピンカー『思考する言語（上）（中）（下）』（幾島幸子・桜内篤子訳、2009、NHK出版）]

Pinker, S., M. A. Nowak, and J. J. Lee. 2008. "The Logic of Indirect Speech." Proceedings of the National Academy of Sciences 105 (3): 833–838.

Tagiuri, R., and J. Davis. 1996. "Bivalent Attributes of the Family Firm." Family Business Review 9 (2): 200.

「フェイス」と「ポライトネス」

Brown, P., and S. C. Levinson. 1987. Politeness: Some Universals in Language Usage. Vol. 4. Cambridge University Press. [ペネロピ・ブラウン、スティーヴン・C・レヴィンソン『ポライトネス』（田中典子監訳、斉藤早智子ほか訳、2011、研究社）]

Culpeper, J. 2011. "Politeness and Impoliteness." In Pragmatics of Society, edited by W. Bublitz, A. H. Jucker, and K. P. Schneider. Vol. 5, 393. Mouton de Gruyter.

Fiske, A. P. 1992. "The Four Elementary Forms of Sociality: Framework for a Unified Theory of Social Relations." Psychological Review 99 (4): 689.

Kim, W., and R. Mauborgne. 1997. "Fair Process." Harvard Business Review 75: 65–75.

Lee, J. J., and S. Pinker. 2010. "Rationales for Indirect Speech: The Theory of the Strategic Speaker." Psychological Review 117 (3): 785.

Locher, M. A., and R. J. Watts. 2008. "Relational Work and Impoliteness: Negotiating Norms of Linguistic Behaviour." In Impoliteness in Language: Studies on its Interplay with Power in Theory and Practice, edited by D. Bousfield and M. A. Locher, 77–99. Mouton de Gruyter.

Pless, N., and T. Maak. 2004. "Building an Inclusive Diversity Culture: Principles, Processes and Practice." Journal of Business Ethics 54 (2): 129–147.

Pinker, S. 2007. The Stuff of Thought: Language as a Window into Human Nature. Penguin. [スティーブン・ピンカー『思考する言語（上）（中）（下）』（幾島幸子・桜内篤子訳、2009、NHK出版）]

Pinker, S., M. A. Nowak, and J. J. Lee. 2008. "The Logic of Indirect Speech." Proceedings of the National Academy of Sciences 105 (3): 833–838.

索引

謝辞

書籍チーム

本書は、ツールの設計、実験、テスト、改良を経て、ようやくコンテンツのデザインに至るまでの長い道のりを支えてくれた大勢の方々とチームのお陰で誕生しました。延々と続くワークショップ、度重なるアンケート調査、いくつもの余計な質問に協力を惜しまず、忍耐強く付き合ってくれた1人ひとりに感謝します。

まずは、初期段階のコンセプトを実践し、さらなる進化と改良に貢献してくれた何千人もの方々に御礼を申し上げます。

ステファニー・ミソニエ、ハズビ・アヴディジ、イヴ・ピニュール、フランソワーズ・クリルスキー、アドリアン・バンゲルター、ピエール・ディランブールの各氏へ、端緒となった学問的研究と、各ツールの概念的基盤への寄与に感謝します。たくさんの素晴らしい現場実践者の皆様にも御礼を申し上げます。アラン・ジャンナタージオ、トーマス・シュタイナー、ヤスミン・メイド、ルノー・リトレ、アントニオ・キャリエロ、フェルナンド・イェペス、ジェイミー・ジェンキンス、ジジ・ライ、デイビッド・ブランド、イバン・トレブランカ、スマヤ・アルジャセム、ホセカルロス・バルバラ、エバ・サンドナー、コフィ・クラグバ、ジュリア・ヴァングラースの各氏が実験を行い、初期のプロトタイプや原稿の改善を助けてくれました。ピエール・シンデラー、トニー・ボグト、モニカ・ヴァーゲン、パスカル・アントワンの各氏からは、私たちのアイデアや発見に対する真摯な意見を頂きました。タイトルがなかなか決まらなかった時には、デイビッド・キャロル氏から多大なサポートを頂戴しました。

イラストレーターとして熱心に取り組み、素晴らしい芸術作品を提供してくれたベルナール・グランジェ、セベリン・アスースの両氏に、大変お世話になりました。アート面でこのようなコラボレーションに導いてくれたルイーズ・デュカティヨン氏、人目を引くデザインを提供してくれたトリッシュ・パパダコス、クリス・ホワイトの両氏にも、厚く御礼を申し上げます。助言を惜しまず、原稿をより良いものにしてくれたリチャード・ナラモア、ビクトリア・アンロ、ビッキー・アダンの各氏をはじめ、ワイリー社の皆様に感謝します。ストラテジャイザー社にご協力頂いているトム・フィリップ、ヨナス・ベアー、フェデリコ・ガリンド、プシェメック・コヴァルチク、マティアス・マイスベルガー、カビ・グプタ、フランシスカ・ベーラー、ニキ・コトソニス、ジェリー・スティール、タニヤ・オバースト、シャミラ・ミラー、パベウ・スウコフスキ、アレクサンドラ・チャプリツカ、ジョン・フリース、フレデリック・エティアンブル、マット・ウッドワード、シルケ・シモンズ、ダニエラ・ロイトヴィラー、ガブリエル・ロワ、デイブ・トーマス、ナトリー・ルーツ、ピョートル・パヴリック、ヤナ・ステファノビチ、テンダイ・ヴィキ、ジャニス・ガレン、アンドリュー・マーティニエロ、リー・ホッキン、レイン・マグラーグル、アンドリュー・マフィ、ルーシー・ルオの各氏にも、あらためて御礼を申し上げます。

最後に、編集の各段階でオノーラ・デュカティヨン氏から鋭い指摘、コメント、激励を頂けなければ、本書はここまでの完成度にならなかったでしょう。

——ステファノ、アレックス、アラン

書籍チーム

筆頭著者
ステファノ・マストロジャコモ

ステファノは経営コンサルタント、教授、著述家として、人間同士の連携に強い関心を抱いています。チーム・アライメント・マップ、チーム・コントラクト、ファクト・ファインダーをはじめ、本書で紹介されているさまざまなツールを設計しました。複数の国際機関や企業で20年余りの間、デジタルプロジェクトの統括や、プロジェクトチームへの助言を行う一方、スイスのローザンヌ大学で研究しながら教壇に立ってきた経験があります。彼の学際的な研究は、プロジェクトマネジメント、チェンジマネジメント、心理言語学、進化人類学、デザイン思考を柱としています。

teamalignment.co

著者
アレックス・オスターワルダー

アレックスは一流の著述家、起業家、講演者として、既存企業の経営や新規事業の立ち上げのあり方を変えています。Thinkers50の「世界で最も影響力のある経営思想家」の第4位に選ばれているほか、Thinkers50 Strategy Awardも受賞しています。
イヴ・ピニュールと共同でビジネスモデル・キャンバス、バリュー・プロポジション・キャンバス、ビジネスポートフォリオ・マップを生み出し、実践的なツールとして数百万人の現場のビジネスパーソンに信頼されています。

@AlexOsterwalder
strategyzer.com/blog

クリエイティブリーダー
アラン・スミス

アランは好奇心と創造力を駆使して疑問を投げかけ、その答えをシンプルなビジュアル化した実践的ツールに変えています。適切なツールは人々に自信を与え、高い目標を目指させ、大きな意義あるものを築き上げると信じています。
アレックス・オスターワルダーと共同設立したストラテジャイザー社では、優れた製品を生み出すためチームと共同で取り組んでいます。ストラテジャイザー社の書籍、ツール、サービスは世界の一流企業で活用されています。

strategyzer.com

デザインリーダー
トリッシュ・パパダコス

トリッシュはロンドンのセントラル・セント・マーチンズでデザイン修士号、トロントのヨーク・シェリダン・ジョイント・プログラムでデザイン学士号を取得しています。
母校でデザインを教え、受賞歴を誇るデザイン事務所と仕事をしてきたほか、複数の事業を立ち上げたトリッシュが、ストラテジャイザー社に協力するのはこれが7冊目です。

デザイナー
クリス・ホワイト

クリスはトロント在住の多才なデザイナーです。多数のビジネスに関する出版物にさまざまな役割で携わっており、最近ではカナダの日刊紙「グローブ・アンド・メール」でアシスタント・アートディレクターを務め、紙面とオンライン記事の両方のプレゼンテーションデザインを担当しています。

イラストレーター
セベリン・アスース

セベリンはパリ在住のフランス人イラストレーターで、児童書、刊行物、広告を中心に作品を提供しています。彼女の描くキャラクターが、本書のページの数々を彩っています。

イラストレーター
ブレックスボレックス

ベルナール・グランジェ（ブレックスボレックス）はイラストレーター、漫画家として活動し、世界で最も優れた造本装丁に贈られるゴールデン・レター賞を2009年に授与されました。本書では、カバーに加え、現代のオフィス文化をユーモアたっぷりに描くイラストの数々を手掛けました。

illustrissimo.fr

ストラテジャイザーは、
テクノロジーとコーチングを駆使して、
あなたの会社の変革と成長を
サポートします。
詳しくはStrategyzer.com（英語版）
をご覧ください。

成長を繰り返す
**ストラテジャイザー・グロース・ポートフォ
リオで、成長の取り組みの体系化とスケー
ルアップ、イノベーション文化の構築、ア
イデアやプロジェクトのパイプライン拡張
を実現しましょう。**

ストラテジャイザーは、成長とイノベーショ
ンを目的としたサービスのグローバルリー
ダーです。有効性の裏付けがある方法論と、
テクノロジーを生かしたサービスで、世界中
の企業による新たな成長原動力の創造を支え
ます。

大胆な変化を生み出す
**ストラテジャイザー・アカデミーとオンラ
インコーチングで、最新のビジネススキル
を幅広く習得できます。**

ストラテジャイザーは、シンプルさと実用性
を追求したビジネスツールの設計に誇りを
持っています。もっと顧客に寄り添い、並外
れたバリュー提案を打ち出し、より良いビジ
ネスモデルを見つけ、チームの足並みをそろ
えるのを助けます。

訳者紹介

見形プララットかおり　Kaori Mikata-Pralat

英日・独日翻訳者。国際基督教大学（ICU）教養学部社会科学科卒業後、ドイツのヴィアドリナ欧州大学で欧州研究の修士号を取得。「ウォール・ストリート・ジャーナル（WSJ）」日本版などで社内翻訳者を10年以上経験した後、フリーランスとして独立。英国翻訳通訳協会（ITI）正会員、日本証券アナリスト協会認定アナリスト（CMA）。2007年から英国在住。

日本語版ブックデザイン　武田厚志（SOUVENIR DESIGN INC.）
DTP　株式会社 シンクス
カバーイラスト　ブレックスボレックス

ハ　イ　イ　ン　パ　ク　ト　　ツ　ー　ル　ズ　フ　ォ　ー　テ　ィ　ー　ム　ズ
High-Impact Tools for Teams
プロジェクト管理と心理的安全性を同時に実現する5つのツール

2022年9月14日 初版第1刷発行

著　者	ステファノ・マストロジャコモ
	アレックス・オスターワルダー
訳者	見形プララットかおり
発行人	佐々木 幹夫
発行所	株式会社 翔泳社（https://www.shoeisha.co.jp）
印刷・製本	日経印刷 株式会社

High-Impact Tools for Teams by Stefano Mastrogiacomo and Alex Osterwalder
Copyright © 2021 by Stefano Mastrogiacomo and Alexander Osterwalder. All rights reserved. This translation published under license with the original publisher John Wiley & Sons, Inc. through Japan UNI Agency, Inc., Tokyo

本書内容に関するお問い合わせについて

このたびは翔泳社の書籍をお買い上げいただき、誠にありがとうございます。弊社では、読者の皆様からのお問い合わせに適切に対応させていただくため、以下のガイドラインへのご協力をお願い致しております。下記項目をお読みいただき、手順に従ってお問い合わせください。

●ご質問される前に

弊社Webサイトの「正誤表」をご参照ください。これまでに判明した正誤や追加情報を掲載しています。

正誤表　https://www.shoeisha.co.jp/book/errata/

●ご質問方法

弊社Webサイトの「刊行物Q&A」をご利用ください。

刊行物Q&A　https://www.shoeisha.co.jp/book/qa/

インターネットをご利用でない場合は、FAXまたは郵便にて、下記"翔泳社 愛読者サービスセンター"までお問い合わせください。
電話でのご質問は、お受けしておりません。

●回答について

回答は、ご質問いただいた手段によってご返事申し上げます。ご質問の内容によっては、回答に数日ないしはそれ以上の期間を要する場合があります。

●ご質問に際してのご注意

本書の対象を越えるもの、記述箇所を特定されないもの、また読者固有の環境に起因するご質問等にはお答えできませんので、予めご了承ください。

●郵便物送付先およびFAX番号

送付先住所	〒160-0006　東京都新宿区舟町5
FAX番号	03-5362-3818
宛先	（株）翔泳社 愛読者サービスセンター

※本書に記載されたURL等は予告なく変更される場合があります。
※本書の出版にあたっては正確な記述につとめましたが、著者や出版社などのいずれも、本書の内容に対してなんらかの保証をするものではなく、内容やサンプルに基づくいかなる運用結果に関してもいっさいの責任を負いません。
※本書に記載されている会社名、製品名はそれぞれ各社の商標および登録商標です。